쓰는 순간 인생이 바뀌는
조혜련의 미래일기!

쓰는 순간 인생이 바뀌는
조혜련의 미래일기

지은이 조혜련

future diary

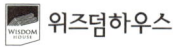
위즈덤하우스

prologue

'조혜련, 이제 자기계발서까지 낸 거야?'

맞다. 나는 사람들을 놀라게 하기보다 웃기는 사람이고 싶지만, 요즘 내가 느끼는 이 엄청난 긍정의 에너지와 행복 바이러스를 어떻게든 많은 사람들과 공유하고 싶어서 이렇게 책을 쓰게 됐다. 놀라셨더라도 잠깐만 내 말을 들어 보시라.

'미래일기'가 무엇인지 감이 잘 안 잡히실 분도 계시리라 생각한다. 사실 우리 모두가 알고 있는 그 '일기'와 똑같다. 다만, 오늘이나 어제 있었던 일을 적는 게 그냥 일기라면, 미래일기는 아직 펼쳐지지 않은 자신의 미래를 상상하며 미리 일기로 써 보는 것이다. 자신이 간절히 원하는 미래의 꿈이나 계획을 마치 현재에 이미 일어난 일처럼 과거형 문장으로, 구체적이고도 생생하게 상상하며 글로 적어 나가는 것이다.

이 '미래일기'라는 게 동서고금을 막론하고 꿈을 이뤄낸 사람들의 절대습관으로 통한다는 것은 나중에 안 사실이다. 그러니까 아무것도 몰랐던 내가 미래일기란 것을 쓰고, 그것을 책으로까지 내게 된 배경에는 나의 소중한 멘토가 있었다.

유명인은 아니지만 내 삶에 커다란 힘이 되어 준 고마운 짝꿍이자 멘토이자 편안한 동생이기도 한 그녀, 허재로부터 어느 날 몇 권의 책을 선물 받았다. 하지만 그때는 한참 일본어와 씨름하느라 한국어로 된 책을 읽으면 알고 있던 일본어도 까먹을지 모른다는 막연한 불안감이 있었다. 그 책들은 그렇게 한동안 내 방에 장식으로만 방치돼 있었다. 그러다 어느 날 화장실을 가는데 왠지 심심하여 무심코 한 권을 빼 들었다. 『꿈꾸는 다락방』이라는 책이었다.

'구체적으로 미래를 상상하면 현실로 이루어진다고?'

나는 그간 관심을 두지 않던 새로운 분야, 새로운 이야기에 푹 빠져들어 한달음에 그 책을 다 읽었다.

그때부터 나는 소위 자기계발서와 심리학 관련 책들을 날마다 한 권씩 빠른 속도로 읽어 나갔다. 한번 빠지면 끝장을 보는 내 성격을 살려서 두 달간 닥치는 대로 읽은 책들이 무려 60여 권이었다. 이게 올해 초 이야기다.

그 많은 책들을 읽으면서 나는 몇 개의 공통점을 발견할 수 있었다.

'가슴 뛰는 상상을 하고 그것을 종이에 써라. 현실로 된다.'

'감사하는 마음을 가져라.'

'긍정적인 사고는 기적을 만든다.'

'불평불만을 하지 마라.'

'두려움을 없애고 용기를 가져라.'

그중에 특히 '구체적인 목표를 설정'하고, '미래를 생생하게 꿈꾸고', '상상하라'는 메시지는 거의 모든 책에 빠지지 않고 등장하는 단골이었다. 하지만 막상 어떻게 상상하라는 건지 샘플이라고 여길 만한 게 없어서 항상 안타까웠다. 한마디로 동기부여는 충분했지만, 실천이 잘 안 되었다.

'내가 무슨 공상가도 아니고, 평소에도 상상하기보다는 현실의 문제에 허덕이며 살아가기 바쁜데 어떻게 상상일기를 쓴단 말인가? 도대체 어떻게??'

몇 번은 친한 연예인들에게 분장실에서 "혹시 미래일기 같은 거 써 본 적 있니?"라고 물어보았다. 그러면 "난 현재일기도 안 써, 귀찮아서. 근데 미래일기가 뭐야?"라며 오히려 그런 걸 묻는 나를 이상한 눈빛으로 바라보곤 했다.

그러던 어느 날, 정말로 갑자기 번뜩 하고 아이디어가 떠올랐다.

'그 미래일기 샘플을 내가 한번 만들어 볼까? 나처럼 미래를 상상하기 힘들어하는 사람들이 분명히 있을 텐데, 그래 내가 한번 해 보지 뭐!'

뭔가 생각이 떠오르면 곧바로 행동에 옮겨야 직성이 풀리는 성격 때문에 나는 그때부터 일사천리로 일을 진행시켰다. 한 달여 동안 나는 미친 듯이 미래를 상상하기 시작했다. 누구의 눈치도 보지 않고 가슴에 손을 얹고 내가 세상에서 가장 하고 싶은 일, 그리고 앞으로 꼭 일어났으면 하는 일들을 마치 현실 같은 착각이 들 정도로 아주 구체적으로 써 나갔다.

사실 처음엔 쉽지 않은 작업이었다. 특히 30년 뒤, 50년 뒤는 누가 살아있을지, 또 세상은 어떻게 변해 있을지 하나도 모르겠는데, 그것을 상상해야 한다는 것 자체가 힘들었다. 또 상상을 하면서도 '과연 이게 이뤄질까? 너무 황당한 것은 아닐까?' 하는 의심들이 나를 계속 괴롭혔다. 가령, 내가 세계적인 글로벌 토크쇼의 진행자가 됐다거나 남북평화통일이 이뤄졌다는 등의 상상들은 너무 욕심이 과했나 싶어 몇 번 수정을 하기도 했다.

그런데 그렇게 상상력에 한계를 긋고 현실을 고려하다 보니 미래를 상상하는 일이 조금도 신이 나지 않았다. 그래서 나는 마음을 고쳐먹기로 했다. 생각해보면 아직 오지도 않은 미래를 일부러 축소시킬 이유가 없었다. 지금 현재의 내 모습만을 기준으로 미래를 상상한다면 그게 무슨 미래인가, 현실의 또 다른 복제일 뿐이지.

게다가 실제로 미래일기를 쓰면 쓸수록, 나의 멋진 미래를 상상하면 할수록 엄청나게 기분 좋은 긍정적인 에너지가 마구 샘솟았다. 그래서 나는 다시 '제멋대로' 신나게 떠오르는 대로 상상하기 시작했다.

일본과 한국을 오가며 양쪽의 스케줄을 모두 소화해야 했던 나는 책을 쓸 시간이 없어서 하루 3시간을 자면서 새벽에 주로 집중해서 작업을 했다. 당연히 몸은 피곤했지만 신기하게도 마음은 풍선처럼 터질듯이 늘 흥분되어 있었다. 여러분도 경험해 보면 알겠지만, 멋진 미래를 상상하는 것은 그만큼 가슴이 뛰고 설레

는 일이다. 어떤 때는 미래와 현실이 혼동되어서 마치 그 일이 모두 이루어진 것 같은 기분으로 신나서 생활하기도 했다.

맹세컨대, 미래를 구체적으로 상상하고 그것을 종이에 써 가면서 체험한 긍정적인 에너지는 내 나이 마흔에 처음 느끼는 짜릿함이고 행복이었다!

이것으로 충분하다.

하지만 그게 끝이 아니었다. 너무 신기하게도 상상하면 할수록 그 일이 이루어지도록 현실의 상황과 환경이 바뀌어 가는 것을 경험하고, 또 나에게서 미래의 꿈을 현실화할 수 있는 엄청난 힘과 지혜와 아이디어들이 쏟아지는 것이었다. 물론 가까운 미래의 상상들은 이미 하나씩 현실로 이루어지기도 했다. 일본에서 영화 주인공으로 결정이 되고, 드라마 출연이 확정되고, CF 섭외가 들어오는가 하면, 만나고 싶던 세계적인 스타나 존경하던 인물을 실제로 만나게 되고, 가족들도 미래일기를 쓰기 시작하면서 엄마와 남동생이 정말로 바뀌어 가는 등 기분 좋은 변화가 줄줄이 이어졌다.

물론 한 가지만큼은 인정해야겠다. 여기 쓴 미래일기는 대부분 나 개인의 일과 관련된 것들이고, 내가 현실화되기를 원하는 사건들이기 때문에 여러분과는 상관없는 이야기로 들릴지도 모르겠다. 하지만 이렇게 생각해보면 어떨까? '아~! 미래일기란 게 이렇게 쓰면 되는구나' 라고 구체적인 방법을 알려주는 샘플로 여겨 준다면. 또 '푸하, 이런 것까지도 상상하는 거야?' 하고 미래일기는 그 어떤 한계도 없는 마냥 신나는 일이라는 것을 느껴 주었으면. 그리고 '뭐지? 이게 있었던 일이야, 아니면 상상이야?' 하고 헷갈릴 정도로 생생하고 구체적으로 쓰는 것임을 알아차릴 수 있는 계기로 삼아 주면 어떨까?

이 책은 'future diary(미래일기)'와 더불어 'present(현재)'도 함께 이야기하고 있다. 왜냐하면, 내가 어떤 미래를 그리고 상상할 때, 왜 그러한 미래를 원하는지에 대해 쓰는 것은 보다 구체적인 미래상과 함께 그것을 이루고자 하는 강한 동기, 미래에 대한 더욱 확고한 믿음을 불러일으키는 효과가 있기 때문이다. 그래서 나의 현재 상황과, 그 상황에서 원하고 바라는 미래를 함께 적어 놓은 것이다.

주변의 우려와 편견이 있을 것을 염려하면서도 또 한 번 무식한 용기로 시작한 이번 책 출간 작업이 부디 많은 사람들로 하여금 멋진 자기만의 미래일기를 써 볼 수 있게 하는 자극이 되었으면 좋겠다. 또 그러한 미래일기가 정말로 현실로 이루어지는 데 도움이 되었으면 한다.

'미래일기'라는 영역에서만큼은 그 어떤 세계적인 대가도 유명인도 전문가일 수 없다. 내 미래에 관한 한 최고의 전문가는 바로 나다. 내 미래는 내가 만드는 것이니까. 그러니 이 책을 다 읽고 난 다음에는 이제 여러분이 직접 움직일 차례다. '조혜련의 미래일기'가 아니라 여러분 자신의 이름 석 자가 또렷이 새겨지는 'ㅇㅇㅇ의 미래일기'를 써 보길 바란다. 나는 다만 그 목적지까지 여러분을 안내할 여행 가이드일 뿐이다.

내가 미래일기를 쓸 수 있도록, 그리고 멋지게 성장할 수 있도록 늘 내 곁에서 묵묵히 지켜주는 나의 멘토, 아기 공룡 둘리의 도우너를 닮은 허재에게 진심으로 고맙다. 또 책을 낼 수 있도록 함께 고민하고 물심양면으로 도와준 편집자 김세원 씨와 편집장님, 사장님께 진심으로 감사드린다.

-지금, 미래를 사는 조혜련

추천의 글

개그맨 조혜련. 그는 열정의 전도사다. 그는 단 한시도 가만히 있질 않는다. 끊임없이 경청하고 얘기하고, 논의하고 배운다. 배운 것은 다양한 방법으로 실천하고, 그 실천이 성공할 때까지 밀어붙인다.

'여자의 몸에서 어찌 저런 힘이 생길꼬!' 가끔 놀라기도 하지만 평생을 그렇게 살아온 그이기에 그를 감싸 안고 이해한다.

조혜련을 처음 만난 것은 1993년 무렵이었다. 서울 여의도 KBS 본관 KBS홀. 당시 KBS에서 막 개그를 시작한 풋내기 개그맨이던 조혜련은 그때도 뭔가 열정적으로 준비를 하고 있었다. 당시 나 또한 스포츠서울 연예부 기자였기에 그가 하고 있는 다양한 프로젝트들이 무척 재미있어 보였다. 그래서 항상 그를 유심히 지켜보며 마음으로나마 응원을 보내곤 했다. 지금은 유명인이 된 송은이, 백재현 등과 함께 개그를 준비하던 그. 너무나 열심히 하다 보니 가끔은 '오버'를 하기도 했지만 그 속에는 항상 열정과 꿈이 함께하고 있었다.

'뭔가 취재를 해야 할 텐데' 라고 생각하고 있노라면 어디선가 바람처럼 나타나 자신들이 펼치는 개그와 자신들만의 설익은 개그 프로젝트를 침이 말라라 설명해 주곤 했다. 그럴 때면 어떻게 이 조그마한 체구에서 그 같은 열정과 다양한 아이디어가 나올까 깜짝 놀라곤 했다.

그러고는 한동안 그를 만나지 못했다. 내가 부서가 바뀌면서 방송국을 드나들지 않았기 때문이다. 하지만 조혜련은 끊임없이 연구하고 노력했다. 그리고 오늘날의 '조혜련'이 돼 있었다.

우리가 다시 조우한 곳은 요코하마발 서울행 비행기 안에서였다. 그는 이날도 일본의 한 TV 프로그램에 출연하고는 다시 서울로 향하던 길이었다. 아무도 가 보지 않았던 그 길. 말로 웃겨야 하는 개그계의 생리상 문화와 말, 느낌이 다른 외국에서 현지인들을 웃기기란 여간 어려운 일이 아니었을 게다. 하지만 그는 그 모든 어려움을 뚫고 당당히 일본에 우뚝 서 있었다.

반가운 마음에 그를 향해 악수를 청했고, 그 역시 나를 한눈에 알아봤다. 그리고 나는 다시 한 번 놀라지 않을 수 없었다. 그는 아직도 십여 년 전의 열정을 그대로 간직하고 있었다. 이제 '끝없는 열정'에다 '긍정의 힘'과 '배려의 아름다움'까지 갖추고 있었다.

그동안 많은 어려움을 겪었던 그이기에 이 같은 다양한 힘과 매력을 갖출 수 있었으리라……. 과연 나의 미래는 어찌 될까 하고 시작한 자신에 대한 물음은 '긍정의 힘'으로, '배려의 아름다움'으로 표출되고 있었다. 그는 자신이 경험한 많은 변화와 몸소 체득한 행복한 삶의 비결을 자기계발서로 만들어 볼 것을 고민하고 있었다. 그리고 자신을 바꾼 긍정의 힘을 수많은 사람들을 위해 써 보겠노라고 나에게 말했을 때 나는 두말없이 튼실한 후원자가 되겠노라고 약속했다.

그리고 지금 '열정'과 '긍정', 그리고 '배려'와 '감사'가 한데 어우러진 『조혜련의 미래일기』가 출간됐다. 나는 그의 초고를 처음부터 끝까지 단숨에 읽어 나갔다. 놀라울 정도로 잘 정돈된 문체에 그 무한한 상상력, 그러면서도 꼭 그렇게 돼야 할 것만 같은 다양한 이야기들이 요목조목 재미를 더했다.

그래서 난 외쳤다. 역시 조혜련이라고! 수많은 고민과 번민, 그리고 생각이 어우러져 만들어진 이 글들에 나는 다시 한 번 놀라움을 금치 못했다.

오늘 이 순간 나는 '인간 조혜련'을 알고 있어서 기쁘다. 그의 긍정과 배려, 그리고 열정을 알고 있기에……. 부디 이 좋은 글들이 많은 사람들에게 읽혀져 보다 행복한 삶의 근간이 되기를 기원해 본다.

−조혜련을 응원하며 황용희 (「아시아경제신문」 기자)

contents

prologue
004
추천의 글
011

future diary ◄		► present
마지막 축제, 장례식	18	마지막에 웃으며 "안녕" 인사하기
'사랑 표현법' 국회 통과	30	진심인 척했더니 진심이 되었노라
부산국제영화제 레드카펫 라이드	39	꿈꾸지 못할 이유가 무언가
하네다공항에서 나를 맞아주는 팬들	51	한 사람을 소중히
베스트셀러 작가 조혜련	62	상상에 한계는 없고, 내 미래에 불가능은 없다
미국 프로덕션과 계약한 날	72	농담까지도 실천해내는 에너자이저
우주, 가수 되다	86	미쳐야 미친다

contents

future diary ◀ | ▶ **present**

우리 시대 최고의 배우 조지환	96	생생하게 꿈꾸라, 꿈은 이루어진다
키무라 타쿠야와 CF를 찍다	103	즐거운 상상은 우리를 춤추게 한다
오프라윈프리쇼에 출연하다	111	내일을 꿈꾸는 데 과거야 어떻든
영어마을이 아닌 농촌마을	122	나무와 흙은 답을 알고 있다.
한글이 세계에서 통하다	130	한글이 있어서 행복해요
세계적인 토크쇼의 안주인	136	사람과 사람 사이에 다리가 되어
안젤리나 졸리와 다이어트를 논하다	144	몸과 마음 모두 트레이닝이 필요해

contents

future diary ◀	▶ present
큰딸 윤아의 결혼식 **154**	미래일기 바이러스
비빔밥 체인점 비비조 **164**	창조적인 상상의 놀라운 힘
전세기 타고 미국 2시간, 일본 30분 **174**	머리가 아닌 심장이 말하는 꿈
평양 가족 여행 **182**	더 늦기 전에
아프리카 자원봉사 **188**	나의 행복 이상으로 타인의 행복을
친정식구 성공기 **195**	불평불만을 노래로 바꿔버리는 배포

contents

future diary ◀ | ▶ present

아버지! **203** 당신의 한마디 "미안합니다"

개성 지상주의 **211** 너는 너라서, 나는 나라서

기분 좋아지는 미래뉴스 **218** 기분 좋아지는 단어장

행복 찾기 세미나 **225** 행복은 누구에게나 가능하다

피아노 콩쿠르 **237** 긍정적인 자기암시의 놀라운 효과

나의 멘토 **246** 또 하나의 나

epilogue
252

미래 일기, 어떻게 쓸까요?
258

YEAR 2070
MONTH MAY
DAY 03

마지막 축제, 장례식

FUTURE DIARY

영화의 어떤 메시지에 방점을 찍는가는 사람마다 다르겠지만, 나는 인생의 파노라마에서 가장 중요한 순간은 다름 아닌 자신이 죽는 날이라는 생각을 해 보았다.

조혜련의 미래일기 **2070년 05월 03일**

"특보를 알려드립니다. 웃음의 여전사 조혜련 씨가 향년 103세의 나이로 생을 마감했습니다. 고인에게 애도의 뜻을 전하며 고인의 명복을 빕니……" 하더니 진행을 하던 아나운서가 말을 잇지 못하고 손수건을 꺼내 생방송 도중에 눈물을 훔쳤다.

어슴푸레한 저녁, 대학병원 503호 병실은 6시를 가리키고 있었다.
"어머니!" 하는 아들 우주의 곡소리와 함께 장례식장에 모여든 사람들이 왈칵 울음을 터뜨렸다.
내가 조혜련이라는 이름으로 103년을 살다가 생을 마감한 날이다.
마감이라…….
누군가 내게 지나온 한평생에 대한 소회를 한마디로 표현해 보라고 한다면 나는 후회 없이 잘 살았노라고 이야기할 것이다.
오늘의 장례식은 내가 후원해 온 행복 대학병원 장례식장에서 치러졌다.
장녀인 윤아와 쌩쌩한 손주 녀석들을 다 제치고, 그래도 아들이라고 우주가 내 장례식을 잘 치러 주었다. 어렸을 때는 저놈이 뭐가 되려고 이렇게 말을 안 듣나 하고 고민도 참 많이 했는데……. 그러고 보니

FUTURE DIARY

우주가 벌써 일흔여덟 살이구나. 그렇다면 윤아가 여든? ☺
아무리 나이가 많아도 부모에게 자식은 영원히 어리고 귀여운
아이로밖에 보이지 않는 건 왜일까?

대학병원 앞에는 차들이 즐비하게 늘어서 있다. 주변 교통에 다소
민폐이지만, 모두가 나의 마지막 날을 함께해 주기 위해 달려온
고마운 사람들이다.
이게 누구야! 국민MC 유재석 할아범 아닌가. 이젠 많이도
늙었네……. 그래도 아흔아홉의 나이에도 「100세까지 건강하게」라는
토크쇼를 진행하고 있으니 정말 방송에 대한 열정이 대단하다.
그 뒤로 귀여운 내 후배 봉선이도 왔네. 그렇게 송승헌 송승헌 노래를
부르더니 결국 송승헌 형하고 결혼해서 잘 살고 있단다.
장례식장으로 모여드는 사람들의 행렬에 끝이 보이지 않았다.
모두모두 너무나 고맙다. 이렇게 잊지 않고 찾아와 줘서.
누군가 대표로 나에게 띄우는 송별사를 낭독했다.
아이고, 자세히 보니 정형돈이네. 나이 먹어도 배는 여전히 나왔네
그려.

조혜련의 미래일기 2070년 05월 03일

"혜련 누님! 당신은 정말 멋진 여자였어요. 우리들에게 진정한 웃음과 진정한 사랑이 무엇인지를 온몸으로 가르쳐 준 선배이자 스승이셨어요. 당신은 이렇게 떠나지만 당신의 발자국은 영원히 우리의 가슴에 남을 겁니다! 선배님, 존경합니다!"
신인시절에 말도 안 듣고 투덜대서 내가 얼마나 혼냈던 형돈인가······.
고맙다. 나야말로 너무 많은 사람들에게 좋은 것을 배우고 간다.
하지만 정말 기쁜 건 내 삶을 '완전연소' 하고 떠날 수 있게 된 것이다.
다만 6월에 예정된 대학에서의 세미나에 참석하지 못하고 눈을 감는 게 조금 아쉽다.
그래도 다행이다. 며칠 전부터 계속 몸이 나른해지면서 기운이 떨어지는 게 '아무래도 가야 하는 날인가' 하는 느낌이 들어 학생들에게 미리 메시지를 남겨 놓았다.

✽ 반짝반짝 빛이 나는 청춘들에게~

너무너무 사랑하고 만나고 싶은 친구들······.
한 사람 한 사람 악수를 하면서 마음껏 대화를 나누고 싶은 것이

FUTURE DIARY

이 할미의 마음인데 그러지 못하네요…….
한마디만 여러분께 남깁니다.
'죽음'을 알게 되면 '삶'도 알게 된답니다.
인생을 죽는 날부터 거꾸로 계산해서 원하는 모든 것을 계획해 보세요.
그리고 그 계획들이 현실로 이루어지는 모습을 구체적으로 상상해 보세요.
반드시 그대로 됩니다.
간디가 '사람은 생각한 그대로의 사람이 된다'고 했죠?
부디 어떠한 상황에서도 결코 미래를 포기하지 마세요.
철저한 낙관주의자가 되어 미래의 최고로 멋진 자신을 생생하게 그려 보세요.
자신을 믿어 주세요.
우리는 모두 내가 생각한 그대로의 내가 될 수 있습니다.
누군가가 "미래를 어떻게 알아요?" 하고 묻는다면
제가 확실하게 보증 서 드리죠.
그렇게 살다 간 산증인으로서 자신 있게 말이지요…….

PRESENT

마지막에 웃으며
"안녕" 인사하기

현재의 나

『모리와 함께한 화요일』이라는 책을 읽으며 죽음에 대해 진지하게 사색하는 시간을 갖게 되었다. 모리 교수가 제자에게 남긴 마지막 말은 "죽음을 안다면 자기가 살아가야 하는 진정한 삶도 알 수 있게 된다."였다.

루게릭병으로 움직이지도 못하는 다리에조차 말할 수 없는 심한 통증이 찾아왔을 때, 그렇게 성큼 다가온 죽음 앞에서 노교수가 웃으며 남긴 말이다.

얼마 전 「벤자민 버튼의 시간은 거꾸로 간다」라는 영화도 나에게 커다란 영향을 끼쳤다. 자막이 올라가고 사람들이 모두 빠져나가도록 나는 일어서지 못하고 계속 울고 있었다.

많은 영화를 봐 왔지만 그렇게 많은 생각거리를 던져 준 영화도 드물다. 꽤 길었던 러닝타임에도 불구하고 내내 몰입하며 인생을 사색했던 영화다.

그 영화에서 어떤 메시지에 방점을 찍는가는 사람마다 다르겠지만, 나는 인생의 파노라마에서 가장 중요한 순간은 다름 아닌 자신이 죽는 날이 아닐까 하는 생각을 해 보았다.

마지막 순간에 나에게 찾아올 감정은 어떤 것일까? 후회 없는 삶이었을까? 무엇을 남기는 삶이었을까?

영화 속 주인공 벤자민은 80대 노인의 모습으로 태어나 아버지에게 버림받고 양로원에 버려진다.

시간의 흐름과 함께 양로원의 노인들이 죽어 나가고, 또다시 새로운 노인들이 들어오고……. 벤자민은 그들과 반대로 점점 젊어지면서 그 모습들을 모두 지켜본다. 그들 중에는 젊을 때 잘나가던 피아니스트도 있었고 엄청난 부자도 있었다. 하지만 다양한 생의 모습과는 상관없이 그들의 마지막은 한결같이 너무도 쓸쓸했다.

지금 내 나이 마흔 살! 이루고 싶은 꿈도 많고 갖고 싶은 것도 많아서 아등바등하며 하루하루를 살아간다.

어떤 때는 날마다 주어지는 과제가 힘겨워 나도 모르게 긴 한숨을 쉴 때도 있다. 또 가끔은 내가 정말 살아 있긴 한 건가 하는 생각이 들 정도로 힘들 때도 있다.

그런데 잘 생각해보면 지금 이 프로젝트가 끝이 아니고 이 결혼도 골인점이 아니며 자식이 명문대학을 들어간다고 해서 그것이 결코 끝은 아니다. 매 순간이 시작이고 출발이다. 눈 감는 그 순간조차도.

그런데 우리는 마치 그 순간순간이 유일한 목표이자 종착역인 것처럼 정신없이 헐떡이며 달려간다. 그것도 투덜투덜하면서 말이다.

누군가가 "인생에서 가장 중요한 것은 돈, 명예, 인기, 학력, 권력 같은 것이 아니라 자기 자신이 얼마나 가슴 벅차게 인생을 만끽하며 살았는지, 그리고 나 아닌 다른 사람들에게 얼마나 좋은 영향을 끼치며 살았는지이다."라고 이야기한 적이 있다.

얼마 전까지만 해도 그냥 피상적으로만 들리는 말이었다. 그런데 이제는 나도 진심으로 그렇게 살고 싶어졌다. 미래의 장례식을 상상하면 할수록 지금 이 세상에 뭔가 도움 될 만한 것들을 많이많이 남기고 싶은 마음이 간절해진다.

혹자는 미래일기 첫 장부터 왜 하필 우울하게 장례식이냐고 나무랄지도 모르겠다. 그러나 내가 장례식부터 그려 본 데는 다 이유가 있다. 실제로 그림을 그릴 때도 연필로 그린 스케치만으로는 완성된 작품이라고 하기 어렵고, 그 위에 색칠을 하고 마무리를 해서 화가가 만족해하며 그 그림을 액자에 넣어 걸어야 비로소 작품이다.

나는 지금 사십대에 접어들었으니 그림으로 치면 이제 붓으로 색칠을 하는 단계이다. 마지막에는 작품을 걸어 놓고 "난 이렇게 잘 그렸소. 난 인생을 이렇게 잘 걸어 왔소. 자, 모두들 와서 보시오."라고 만끽하는 시간이 바로 장례식이라고 생각한다. 그 사람 인생의 진가는 바로 이런 마지막 순간에 드러나는 게 아닐까.

믿을지 모르겠지만, 지금 이 글을 쓰면서 나는 너무 가슴이 벅차고 눈시울이 붉어진다. 그리고 정말 그렇게 살 거라고 무의식 깊은 곳의 혜련에게 다시 한 번 각인시킨다.

내가 꿈꾸는 생의 마지막 모습은, 그 날도 어김없이 스케줄을 살펴보면서 '여길 가야 하는데…', '죽을 시간이 없는데…' 하면서 행복한 미소를 띠고 스르르 눈을 감으며 마치 잠자듯이 편안하게 생을 마감하는 것이다.

이것은 여러 가지 의미를 담고 있다. 무엇보다도 그러기 위해서는 아주 건강해야 한다. 아파서는 사람들에게 민폐를 끼치고 걱정을 끼치게 마련이다. 잔소리로들 많이 흘리지만, 건강은 아무리 강조해도 지나치지 않다. 처음엔 나의 장례식을 2060년 90살로 정했는데, 생각해보니 그 때가 되면 의학도 발달하고 세상이 좋아져서 지금보다도 수명이 훨씬 더 길어질 것 같다. 물론 오래 사는 게 꼭 중요한 것은 아니지만. 그리고 또 하나, 마지막 순간까지도 세상과 소통하며 나의 사명을 다하고 싶다.

내 장례식장에는 사람들이 많이 왔으면 좋겠다. 아주 많이…….

그리고 그 속에는 '나' 라는 사람으로 인해 어두운 인생을 밝게 살게 되고 희망을 갖게 된 사람들이 많았으면 좋겠다. 나이팅게일처럼, 잔다르크처럼…….

그렇게 되기 위해서 나는 노력할 것이다. 나만의 멋진 명작을 전시해서 사람들에게 감동을 줄 수 있는 그 날을 위해……. 정말 잘 그린 인생 작품이었다고, 나도 저런 인생 작품을 그려 보고 싶다고 생각할 수 있는 삶을 살아갈 거다.

　이제는 여러분이 자신의 미래를 그려 보았으면 한다. 몇 살까지 살 거라고 '정할' 것인가? 그리고 장례식장에는 누구누구가 왔으면 좋겠고, 자신은 어떤 모습을 하고 있으며, 마지막에 남기는 유언은 무엇으로 하면 좋을지도 미리 스스로 정해 보자. 단, 아주아주 구체적으로 그려야 한다. 예를 들어, 나를 위해 소중한 시간을 내서 달려와 준 사람들을 위해 음식은 무엇으로 하면 좋을지, 어떤 메시지를 남길지, 역설적이지만 행복한 장례식장의 분위기를 만들기 위해 꽃 장식은 무엇으로 하면 좋을지 등등, 마치 영상을 그리듯 구체적으로 써 보자.

　머릿속으로 이런저런 이야기들을 그려 나가다 보면 어쩌면 눈물도 나고 가슴도 저릿해질 것이다. 지금까지 한 번도 해 본 적 없는 첫 경험이니까. 하지만 그만큼 소중한 경험이다. 어쩌면 여러분의 현재 삶을 송두리째 바꿔 놓을 일생일대의 전환점이 될지도 모른다. 아니, 나는 진정으로 그렇게 믿고 있다. 그러니까 너무나 소중한 여러분도 나와 함께 미래일기를 경험해 주기 바란다.

　자, 우선 당신의 장례식은 몇년 몇월 며칠로 할까요~? ☺

happy diary

'인생은 60부터' 라는 말이 있는데,
조금 다른 의미에서 나는 삶의 진짜 승부는 40대부터라고 생각한다.
그 이전의 승패들은 모두 진짜 승부를 위한 과정이고 토대이다.
따라서 젊은 시절에 일희일우할 필요는 없다.
초조해 할 필요도 없다.
올해로 마흔 살을 맞았지만
나는 아직도 고생과 도전을 마다할 생각이 없다.
물론 순간순간의 소소한 행복도 놓치지 않을 거다.
현재도 미래도 모두 소중한 나의 인생이니까~!

YEAR 2014
MONTH JULY
DAY 05

'사랑 표현법'
국회 통과

FUTURE DIARY

법으로 정해진 거라서 억지로 하는 가족들을 보니 좀 웃기긴 했다.
그래도 좀처럼 표현이 서투른 남편의 입으로 사랑하고
감사하고 대단하다는 말을 들으니 가슴 한 켠이 왠지 따뜻해졌다.
그리고 또 하나 드는 마음은 가족들에게 더욱 잘해야겠다는 생각~!

조혜련의 미래일기 **2014년 07월 05일**

"9시 뉴스를 말씀드리겠습니다. 첫 소식입니다. 앞으로는 결혼한
부부가 '사랑합니다. 감사합니다' 라는 말을 하루 세 번 이상 표현하지
않으면 새벽 6시에 쓰레기 분리수거를 해야 하는 법이 국회에서
통과됐습니다. 국회에 나가 있는 김세원 기자를 연결합니다.
김세원 기자, 자세한 소식 알려주시죠!"
"네, 저는 지금 국회에 나와 있습니다. 지금 시각 오후 2시 20분으로
'사랑 표현 필수법' 이 통과되었습니다. 이 법은 우리나라의 무뚝뚝한
남편들 때문에 도무지 내 남편이 진짜로 나를 사랑하는지 잘 몰라
이대로는 못살겠다며 괴로워하는 여성들의 불만이 많아서 만들어진
법안인데요……."
"김세원 기자?! 계속 소식 전해 주세요!"
"난! 오늘 아침에 부인한테 화냈고! 사랑한다는 말은커녕
확 이혼하자고 했을 뿐이고! 그리고 난 아침잠이 많아서 잘 못
일어나고! 분리수거하기 싫을 뿐이고……!"
스튜디오의 아나운서가 당황하여 화제를 바꿔 본다.
"아, 그러면 사랑한다고 표현을 많이 하면 할수록 혹시 어떤 특혜가
주어지기도 하나요?"

FUTURE DIARY

"네. 열 번 이상 표현을 하면 영화 티켓이 공짜이고, 교통카드도 30% 할인을 받을 수 있다고 합니다만……."
또 말이 없자 당황한 아나운서가 애타게 기자를 부른다.
"김세원 기자! 김세원 기자!"
"난, 사랑한다고 열 번 이상을 다른 여자에게 말했고! 영화 티켓은커녕 부인 몽둥이 티켓만 얻었을 뿐이고! 나 오늘 집에 들어가면 무릎 꿇고 싹싹 빌어야 하고……!"

이 뉴스를 남편과 같이 보고 있던 금희 씨는 깜짝 놀랐다.
"어머! 요즘엔 이런 법안도 국회에서 다루네. 정말 세상 좋아졌다."
그러자 남편이 말했다. "새삼스럽게 뭘 그래! 지난주에는 '부부끼리 한 달에 한 번 커플티 입고 여행가기' 법도 통과됐는데."
그러면서 뭔가 주섬주섬 꺼냈다. 곰돌이가 그려진 하얀 티셔츠.
"어머, 귀여워라! 이게 뭐야 여보?"라고 물으니 남편은 "좋아서 그러는 줄 알아? 법이 무서워서 그런다, 법이! 이거 입고 다음 주에 대천해수욕장 가자."
그러면서 커플티를 입으라더니 자기 휴대폰을 꺼내서 사진을 찍었다.

조혜련의 미래일기 2014년 07월 05일

동사무소 홈페이지에 확인 사진을 보내야 한다나.
그리고 화장실로 가려다가 부인을 돌아보며
"어이~! 사랑해. 감사하고, 넌 정말 대단해!" 하더니
마지막은 "에잇!" 하고 들어가 버렸다.
법으로 정해진 거라서 억지로 하는 남편을 보니 좀 웃기긴 했다.
그래도 좀처럼 표현이 서투른 남편의 입으로 사랑하고 감사하고
대단하다는 말을 들으니 가슴 한 켠이 왠지 따뜻해졌다.
그리고 또 하나. 남편에게 더욱 잘해야겠다는 생각~!
화장실에서 큰 볼일을 보는지 끙끙 대는 남편에게 문을 사이에 두고
금희 씨는 이렇게 외쳤다.
"나도 당신 사랑하고, 너무너무 감사하고, 대단하다고 느껴~!" ☺
자신도 모르게 눈시울이 뜨거워졌다. 말 한마디로 이렇게 마음이
행복해질 수 있다니! 왜 여태 쑥스럽다는 핑계로 표현하지 못했던
걸까. 나의 마음은 진심으로 말하고 있었다.
"정말 고마워 여보……."

PRESENT

진심인 척했더니
진심이 되었노라

현재의 나

"사랑해." "감사해." "미안해."
이 말들처럼 큰 힘을 발휘하는 말도 없는 것 같다.

뇌과학을 연구한 어떤 이는 감사한 마음을 갖고 그것을 자주 표현하는 사람은 그렇지 않은 사람보다 무려 백만 배의 힘이 더 나온다고 한다. 백만 배의 힘이 어느 정도인지 내 머리로는 계산이 되지 않지만, 정말 대단한 파워를 가진 것만은 사실이리라.

우리가 잘 알고 있는 위대한 과학자 아인슈타인은 정말 바보 같아 보일 만큼 모든 것에 감사해 하는 버릇이 있었단다. 사람에게뿐만 아니라 물건에조차도 감사하다고 이야기를 한 것은 유명한 일화다. 실험을 할 때 작은 비커에 대고 "네가 있어서 내가 이렇게 중요한 실험을 할 수 있구나. 비커야, 너무 감사해."

심지어 동네에 사는 개에게조차 감사함을 표현했다.

"네가 아침마다 짖어 주어서 내가 일찍 일어날 수 있었어. 정말 감사해 멍멍아."

　우리는 감사하다는 말을 하루에 몇 번이나 할까. 감사한 마음을 얼마만큼 실감하며 살아가는 걸까. 나만 해도 쑥스럽기도 하고 귀찮기도 해서 표현을 안 할 때가 많다. 하지만 가만히 생각해보면 고마운 일들이 정말 한둘이 아니다.

　머리가 크고 다리가 짧게 태어나 어떤 제스처를 취해도 웃긴 몸을 주신 엄마에게도 너무 감사하고, 남자 같은 성격과 늘 바쁜 스케줄로 아이들을 잘 돌보지 못한 나를 묵묵히 지켜주는 남편에게도 너무 감사하고, 아침엔 한국에서 방송을 하고 저녁엔 일본 방송을 할 수 있게 해주는 비행기들에게도 너무 감사하다. 만약 비행기가 없었다면 헤엄을 치든 배를 타든 해야 했을 테니 절대 시간을 맞추지 못했으리라.

　언제나 내 곁에서 내 일을 위해 밤잠을 줄여 가며 도와주는 매니저에 대한 감사함도 빼 먹으면 안 된다. 남북한으로 갈라져 언제 전쟁이 일어나도 할 말이 없는 상황에 처해 있지만, 국민을 위해 3년이라는 긴 시간 동안 나라를 지켜주는 군인들에게도 너무 감사하다. 이루 다 표현을 할 수 없을 정도로 모두에게 감사할 것투성이다.

　내 미래일기에는 법으로 재정되었다고 설정을 했지만, 타의에 의해서든 자의에 의해서든, 또 누군가는 '굳이'라고 생각할지라도, 나는 표현을 해야 서로의 생각을 나누고 마음을 열 수 있다고 생각한다.

　여러분도 누구에게, 어떤 것에 감사함을 느끼는지 미래일기를 써 봤으면 한다.

사람 마음이란 게, 누군가 내게 뭔가 해 주는 것은 당연하고, 기대 이상으로 해 주지 않으면 불평불만부터 생기게 마련이다.

예를 들어, 조건 없는 사랑으로 우리를 낳아 키워주고 입혀주고 재워주는 부모님께 감사하다는 마음을 갖기보단, 왜 난 친구들처럼 유학을 안 보내주는지, 용돈을 안 올려주는지 투덜대기 일쑤다.

자기가 가려고 하는 길에 가장 큰 걸림돌은 바로 불만을 품는 마음이라고 한다. '이래서 내가 안 되는 거야', '쟤 때문에 무슨 일이 안 돼', '피곤해 죽겠는데 왜 이렇게 녹화가 늦게 끝나는 거야' 라는 불평불만들······.

이제부터라도 자신을 위해서 마인드를 바꿔 보자. 다른 누구를 위해서가 아니다. 바로 우리들 자신을 위해서다.

감사함을 표현하는 데 인색했던 나에게 나의 멘토 허재가 팁을 주었다. 처음에는 '척' 이라도 해 보라고.

척? '예쁜 척', '잘난 척' 할 때 그 척이라면 내가 너무 싫어하는 건데······. 하지만 그녀는 감사한 척이라도 하기 시작하면 점점 버릇이 되어서 나중엔 감사함을 표현하지 않으면 불편해지는 자신을 발견하게 될 거라고 내 등을 떠밀었다.

그래서 실험해 보았다.

아이들에겐 "바쁜 엄마 이해해줘서 고마워."라고 말하며 안아줬고, 매니저한테는 "늦게까지 고생해줘서 정말 고마워. 네가 고생이 많다."라고 미안한 웃음을 지으며 말했다.

처음엔 이 '척'도 상당히 쑥스럽고 발가락이 오그라들 정도로 어색했다. 하지만 계속하기로 했다. 왜냐하면 어색하기는 해도 고맙다는 말을 건넸을 때 상대방의 표정을 보니 싫지 않은, 아니 감동하는 느낌이 들었기 때문이다.

그리고 이제는 '척'이 '진정한 마음'으로 바뀌어 가는 단계가 되었다. 영화「스캔들」에서 배용준이 그랬던가. '진심인 척했더니 진심이 되었노라'고.

표현하기 어려워하는 분들이 있다면 나처럼 '척'부터 시작해보면 어떨까? 당장 지금부터 아인슈타인이 그랬듯 작은 물컵에게 고맙다고 인사를 해 보자.

"컵아, 고맙다. 네가 있으니 손바닥으로 물을 안 마셔도 되고……. 헤헤."

happy diary

극단적인 장애를 극복한 세계적인 물리학자
스티븐 호킹 박사는 말했다.
"사람의 기대가 '0'으로 줄어들었을 때
그 사람은 자기가 가진 모든 것을 진심으로 감사하게 된다."

감사함을 잊어버리는 나의 헛된 욕심은 무엇일까……?

YEAR 2014
MONTH AUGUST
DAY 07

부산국제영화제
레드카펫 라이드

FUTURE DIARY

주방용이든 방송용이든 난 결국 개그맨이 되었다.
하지만 끓어오르는 연기에 대한 열정은
내 속에서 쉽게 사그라지지 않았다.

FUTURE DIARY

아! 드디어 기다리고 기다리던 날이 밝았다.
오늘 조혜련은 영화배우다. 여배우다. 그것도 주연배우. 카메오 출연이 아니라 주연 조혜련이다. '구체적으로 상상을 하고 꿈을 키우면 정말 이루어지는 구나' 하고 눈물 나게 실감하며 호텔 방의 넓은 커튼을 젖혔다. 해운대 바다가 햇살을 받아 바로 눈앞에서 눈부시게 반짝이고 있었다.
한쪽 침대에는 내가 입을 시폰 계열의 하늘하늘한 블랙 드레스가 섹시한 자태를 뽐내며 놓여 있었다. 오늘을 위해서 3일 정도 집중적으로 다이어트를 해서 배도 홀쭉하게 들어갔다. 최상의 컨디션이다.
오늘 출품된 내 영화 제목은「숲의 노래가 들린다(모리노 코에가 키코에루)」.
감독도 스탭도 출연자도 모두가 일본 사람이고 나 혼자 한국 사람이다. 일본에서 개봉하고 반응이 좋아 한국에서도 개봉이 결정되었다.
영화 내용은, 재일교포 선생님이 곧 폐교가 될 일본의 한 시골 학교로 부임해 와서 꿈도 희망도 없던 아이들을 노래를 통해 서서히

조혜련의 미래일기 **2014년 08월 07일**

변화시킨다는 잔잔한 감동 스토리다.
내가 맡은 배역은 영화 「사운드 오브 뮤직」에 나오는 마리아 선생님 역할이라고 보면 된다.
전 세계에서 온 많은 배우와 감독들이 속속 도착하면서 영화제 분위기는 한층 달아올랐다. 취재진과 팬들로 장사진을 이루고 있는 레드카펫 행사장 앞에 내가 탄 차가 멈추고, 나는 최대한 섹시하게 다리를 모으고 차에서 내렸다. 가끔 남자 같은 성격 탓에 드레스를 입었는데도 다리를 벌리고 있을 때가 있어서 각별히 주의하면서 말이다.
카메라 플래시가 여기저기서 한꺼번에 터져 나와 눈을 뜰 수 없을 정도였다. 그때 아주 낯익은 목소리가 들렸다.
"조혜련 씨, 오늘은 여배우로서 부산국제영화제에 참석하셨는데요, 지금 심정이 어떻습니까?"
「연예가중계」의 리포터 김생민이었다. 개그맨 동기이기도 한 생민이를 향해 난 눈웃음으로 인사하며 이렇게 답했다.
"제가 영화로 부각되는 건 이번이 두 번째에요. 저의 첫 번째 작품은 「반지의 제왕」의 한국판 골룸이니까요." 하며 여유 있게 앞으로 걸어

FUTURE DIARY

나왔다.
일본에서 온 영화 관계자와 팬들도 많이 보였다.
"혜련 상 카와이(예쁘다)~!" "섹시~!"
난 그들에게 답하기 위해 가볍게 손을 들어 보였다. 참, 드레스를 입기 위해 어제 겨드랑이 면도도 깨끗하게 해 두었다. 가끔 깜박할 때가 있으니 조심해야 한다.
행사장에 들어가니 먼저 자리를 잡고 있는 할리우드 영화배우와 아시아의 쟁쟁한 배우들이 눈에 들어왔다. 톰 크루즈, 안젤리나 졸리, 키무라 타쿠야……. 이 사람들을 실제로 보다니, 정말 오래 살고 볼 일이다.
흥분을 가라앉히고 내 자리를 찾아 앉으려는데, 맙소사, 옆자리에 장동건 씨가 멋진 턱시도를 입고 앉아 있는 게 아닌가. 이렇게 만날 줄이야! 내가 얼마나 좋아하는 장동건인가. 그 옆엔 김혜수, 정우성, 하정우, 이영애 등등 쟁쟁한 배우들이 그야말로 영화 속 한 장면처럼 앉아 있었다.
장동건 씨가 나에게 말을 걸어 왔다.
"혜련 씨 영화, 평이 아주 좋더라구요. 재미있게 볼게요."

조혜련의 미래일기 2014년 08월 07일

그 다음 말이 더 기가 막혔다.
"다음엔 꼭 한 번 같이 영화 찍어요."
어쩌면 말을 해도 저렇게 예쁜 말만 골라서 하는지, 그러니까
국민배우 장동건인 거다. 이 마음 씀씀이 보라. ☺
드디어 영화가 시작되었다. 「숲의 노래가 들린다」는 영화제 전부터
짙은 인간미로 언론의 집중적인 관심을 받은 터였다.
첫아이를 낳은 것 같은 긴장된 마음으로 자세를 고쳐 잡고 스크린
쪽으로 얼굴을 돌렸다.
러닝타임 내내 사람들은 몰입했고, 간간히 코를 훌쩍거리는 소리가
들려왔다.
영화가 끝났을 때 사람들의 반응은 그야말로 기대 이상이었다. 상식과
도덕이 사라져 가는 어지러운 세상 속에 모처럼 가슴을 파고드는
인간애 가득한 영화가 나왔다며 많은 비평가들도 호평을 쏟아내
주었다.

PRESENT

꿈꾸지 못할 이유가 무언가

현재의 나

    지금 생각해보면 난 어린 시절부터 줄곧 영화배우의 꿈을 꿔 왔던 것 같다.

    아주 어렸을 때 토요명화에서 잉그리드 버그만, 비비안 리가 나오는 영화를 보면서 감동을 받아 눈물을 흘렸고, 잠이 들면 꿈속에서 비비안 리가 되어 화려한 연기를 펼치다 깨곤 했다. 그때부터 연기에 대한 뜨거운 열망이 내 무의식 속에서 자라고 있었던 것 같다.

    고등학교 때 자율학습시간에 선생님 몰래 「더티 댄싱」, 「귀여운 여인」, 「시네마 천국」 같은 영화를 보고 나서 그 감동과 설레임의 여운으로 잠을 설친 날도 부지기수다. 마치 내가 「귀여운 여인」의 줄리아 로버츠가 된 것처럼 잔뜩 부풀곤 했다. 당시는 만날 먹기만 해서 유도 선수도 울고 갈 몸매였지만 말이다.

    현실이야 어찌 됐든 나는 무의식중에 늘 연기를 하겠다는 생각을 하고 있었는지 모른다.

대학교에 들어갈 때 학과를 선택할 때도 담임이 극구 말리는 연극영화과를 지원했다.

한양대 연극영화과 경쟁률 18 대 1!

합격 가능성이 매우 희박했음에도 불구하고 그땐 무슨 깡다구로 그렇게 밀어붙였는지 모르겠다. 일단 외모에서 답이 안 나왔는데 말이다.

모두의 반대를 뒤로 하고 그냥 턱 하니 원서를 냈다. 다행히 합격! 가정 형편이 너무 어려웠기 때문에 재수라는 것은 상상도 못할 일이었는데, 지금 생각해보면 용기도 참 가상했다.

대학교에 입학하고 '연기수업'이라는 과목의 첫 시간엔 이런 일도 있었다. 학생들이 한 명씩 독백 대사를 외워 연기를 하면, 교수님께서 그것을 보시고 하나하나 자상한 지도를 해 주시는 시간이었다.

내가 외워 간 독백은 「갈매기」라는 작품의 한 대목이었다. 며칠 동안을 꽤 열심히 외우며 연습했었고, 당일 어두운 무대의 핀 조명 아래 서서 나름대로 멋지게 해당 배역을 소화해냈다. 완전히 몰입이 되었던지, 눈가에는 눈물도 맺혔다.

그렇게 내 차례가 끝나자 교수님께서 말씀하셨다.

"음……. 혜련이라고 했지?"

"네."

"넌 뭐가 되고 싶니?"

"가슴으로 연기하는 진정한 연기자가 되고 싶어요!"

"음……. 가슴으로 웃기는 개그맨이 딱이다."

"왜요?! 전 영화 스크린을 장식하는 멋진 여배우가 되고 싶어요!!!"

"영화는 그냥 봐라! 넌 하는 행동이 너무 웃겨. 개그맨이 딱이야!"

"예?!!"

당시 교수님의 말씀에 내가 받은 충격이 어느 정도였는지는 두말하면 입 아프다. 그 수업 이후로 난 웃긴 아이로 거듭났고, 다들 내가 행동하면 웃기다고 했다.

그렇게 나는 땅딸막한 외모와 큰 얼굴, 과장된 연기로 연기자의 꿈을 접었다. 그 후 모두가 아는 바대로 정말 개그맨이 되었다.

하지만 개그맨이 되기 위한 과정도 결코 쉽지는 않았다. 개그맨 콘테스트에서 세 번이나 떨어졌으니 말이다. 한번은 너무 화가 나서 심사위원에게 직접 전화를 걸어 왜 날 자꾸 떨어뜨리는지 이유를 물어봤다. 대답은 이랬다. "네 얼굴은 방송용 얼굴이 아니야! 주방용 얼굴이지!!"

주방용이든 방송용이든 난 결국 개그맨이 되었다. 하지만 끓어오르는 연기에 대한 열정은 내 속에서 쉽게 사그라지지 않았다.

그런 나에게 제대로 불을 지피는 날이 왔다. 벌써 14년 전인가. SBS 미니시리즈 「미스터Q」 캐스팅에 이어 「여자 만세」, 「때려」 등 몇 편의 드라마에 연달아 출연을 하게 되었다. 콩트나 개그를 할 때와는 또 다른 느낌의 뜨거운 뭔가가 나를 자극하기 시작했다.

억지로 웃기지 않아도 되고, 진지하게 연기에 몰입해서 극중 역할에 빠져들어 바스트샷을 받으며 내가 갖고 있는 감정들을 시원하게 표출하는 연기의 매력에 푹 빠지고 말았다.

그 후 나에게는 병이 생겼다. 소위 탤런트 병.

이 얘기는 처음 하는 건데, 내 인생에서 아주 큰 갈림길에 놓인 적이 있었다. 지금 생각해보면 일본 진출 결심만큼이나 큰 결단을 필요로 하던 때였다. 탤런트 병에 걸렸던 나는 연기자가 너무 되고 싶은 마음에 몇몇 피디와 지인들을 찾아가 진지하게 상의를 했었다.

그중에 한 라디오 피디가 이런 말을 했다.

"네가 정말 하고 싶어 미칠 것 같은 일이라면 해야지……. 한 1억 있니? 있다면 지금 하는 코미디 프로들 그만두고 그 1억 쓰면서 다시 연기자의 길을 가도록 해."

'연기자'라는 단어만 들어도 가슴이 두근두근 뛰었다.

'그래, 쉬면서 진지하게 생각해보자.'

그 당시엔 연극을 하기 위해 대학로도 많이 기웃거렸다. 「아트」라는 연극도 그때 했었다. 버는 돈보다 술 마신 돈이 더 많았던 시절…….

연기자를 향한 나의 꿈은 대학 시절 첫 수업 이후 그때 또 한 번 접혔었다. 접은 게 아니고 진짜 접혀졌다.

그러나 나는 지금 이렇게 미래일기의 한 토막에 부산국제영화제를 상상하고 있다. 어렸을 때부터 꿈꿔 왔던, 마음 저 깊숙한 곳에 숨

겨 놓았던 꿈을 이제는 정말로 이루고 싶다.

그렇다고 지금 하고 있는 코미디나 버라이어티 프로그램이 싫다는 것은 결코 아니다. 진정으로 재밌고 사랑하지 않았다면 지금까지 걸어올 수 없는 길이었다.

다만, 작품 시나리오를 분석하고 드라마 대본을 분석하며 또 다른 희열을 느껴 본 나로서는 연기 열정도 도저히 포기가 안 되는 거다.

일본의 기타노 타케시는 코미디언이면서 세계적인 영화감독으로도 유명하다. 또 심형래 선배님도 바보 연기의 달인이었지만 전 세계에 우리나라의 영화를 알린 감독으로 변신했다. 세계적인 코믹 배우 짐 캐리도 코미디언 출신이고, 내가 정말로 좋아하는 배우 톰 행크스도 코미디언 출신이다. 그들의 꿈과 열정이 오늘 나를 다시 꿈꾸게 했다.

난 부산국제영화제도 칸영화제도 꿈꿀 것이다. 그뿐인가. 우리나라에서도 세계적인 배우와 세계적인 감독들이 속속 배출되는 그런 꿈을 꿀 것이다.

왜냐고? 또 접히면 어떡하냐고? 문제없다. 가슴속에 그런 꿈을 키울 때 내가 얼마나 찌릿찌릿하고 얼마나 설레는지 모르면 말을 하지 마시라. 그 순간 행복 바이러스가 마구마구 쏟아지는데, 꿈꾸지 않을 이유가 없다.

이 일기를 쓰는 와중에 두 가지의 신나는 일이 있었다.

하나는 내가 대학교 다닐 때 "개그맨 해라."라고 말씀하셨던 교수님으로부터 전화가 온 것이다. 말씀인즉, 예술의전당에서 하는 셰익스피어 작품 「한여름밤의 꿈」의 주인공 요정 퍽을 맡아 달라는 것이었다. 사실 「한여름밤의 꿈」은 사연이 있는 작품이다. 대학교 시절 '퍽'이라는 요정 역할에 오디션을 봤는데 난 보기 좋게 떨어졌고, 두 달 동안 분장만 해 주어야 했다. 그랬던 나에게 교수님께서 신기하게도 이 미래일기를 쓰는 도중에 그런 제안을 해 오신 것이다. 도저히 스케줄이 조정되지 않아 정중히 거절할 수밖에 없었지만, 나는 너무 기뻤다.

또 하나는 아직 확실하게 결정 나지 않았던 일본에서의 영화 「숲의 노래가 들린다(가제)」의 주연 확정이 이 미래일기를 쓰면서 이뤄졌고, 여름부터 시즈오카에서 촬영에 들어가게 됐다.

부산국제영화제 진출도 현실로 되리라 확신하며 오늘도 난 일본행 비행기에 오른다.

happy diary

일본의 대교육자 마키구치 쓰네사부로는 말했다.
"1000미터 달리기에 이어 100미터 달리기는 할 수 있지만,
100미터 달리기에 이어 1000미터 달리기는 할 수 없다.
대(大)목적을 확립해야 중(中)목적,
소(小)목적이 명확해지고 그 방법도 생긴다."

명확한 과녁도 없이 쏜 화살이 명중할 리가 없다.
누군가는 허황되다고 타박할지라도 나는 인생의 큰 목표를 세우고,
그것을 실천하기 위한 작은 목표들을 또 세울 것이다.
인생이라는 마라톤에서 웃으며 완주하고
승리하는 그날까지 화이팅!

YEAR 2011
MONTH MAY
DAY 29

하네다 공항에서
나를 맞아주는 팬들

FUTURE DIARY

그래 이거다! 내가 일본에 진출한 이유! 내가 도전하는 이유! 내가 사는 이유!
돈보다 명예보다 인기보다,
나에게 자극을 받아 다시 멋지게 일어서는 한 사람의 팬을 위해 달리는 거야.
이보다 더 큰 보람이 어딨겠는가~!

FUTURE DIARY

매주 한국과 일본을 왔다 갔다 하는 나는 오늘도 어김없이 혼자 하네다 공항에 도착했다. 익숙한 솜씨로 짐을 챙겨 공항 게이트를 빠져나가는데, 오마이갓, 평소와는 사뭇 다른 낯선 광경이 펼쳐졌다. 나를 마중 나온 수백 명의 일본 팬들이 양손에 "혜련짱 아이시테루!(혜련 씨 사랑해요!)", "혜련짱 아나타와 와타시노 에네르기!(혜련! 당신은 나의 에너지!)" 등의 피켓을 들고 환한 얼굴로 나를 기다리고 있었다.
내가 나타나자 "와~ 혜련~!" 하고 환호성을 지르며 사진을 찍어 댔다. 그 순간 옛날 기억들이 오버랩되어 기분이 묘해졌.
지난 몇 년간 하네다 공항에 올 때마다 한류스타를 기다리는 많은 팬들을 만날 수 있었고, 그중에 혹시 몇 명은 나를 보러 온 사람도 있지 않을까 둘러보다 조용히 고개를 숙이고 돌아서기를 몇 번. 그 후로 공항에서 나올 때는 조용히 모자를 눌러쓰고 고개를 숙이고 걷는 게 버릇이 되어버렸다.
그런데 이게 웬일?! 세상에나 세상에나 지금 내 눈 앞에 펼쳐진 건 정확히 '혜련'이라고 쓰여진 수많은 도화지들이다.
순간 눈물이 핑 돌았다. 힘겹게 싸운 지난 5년이 주마등처럼 빠르게

조혜련의 미래일기 **2011년 05월 29일**

스쳐 지나갔다. 헛된 시간들이 아니었구나. 사람들은 내가 버텨 온 시간들을 모두 지켜보고 있었구나.
한류스타도 아니고 배우도 아니고, 그냥 아줌마에 여자인 나를 보기 위해 이렇게 일본 전역에서 모여들었다니…….
그야말로 감개무량이다.
나는 정중하게 모자를 벗고 인사했다.
"정말 감사합니다. 저 같은 사람을 위해 이렇게 응원해 주시다니 그 마음에 보답하기 위해 더욱 열심히 힘낼게요. 사랑해요!"
그리고 한 사람 한 사람을 쭉 둘러보았다. 그런데 이게 웬일인가. 모두 낯이 익은 얼굴들이다. 자세히 보니 그동안 내가 일본에서 생활하면서 친구의 소개로 또는 우연히 만나서 인생에 관해 대화를 나눠 왔던 사람들이다. 그 사람들이 인터넷으로 팬클럽을 만들어 나를 깜짝 놀래켜 주기 위해 아침부터 모두 하네다 공항으로 집합한 것이었다. 그중에 "혜련 벤토 아리가토네(혜련 도시락 고마워요)"라고 쓴 도화지를 들고 있는 한 젊은 아가씨가 눈에 들어왔다.
도시락……?
아! 생각났다!

FUTURE DIARY

몇 달 전 오사카에서 녹화가 있어 도쿄에서 오사카로 가는 신칸센을 탔을 때의 일이다.
내 옆엔 고등학생 정도 되어 보이는 여학생이 앉아 있었다. 무심결에 본 그녀의 얼굴은 너무도 창백했고, 마치 인생을 포기한 사람처럼 어깨를 축 늘어뜨리고 있었다.
한 시간이 지나도록 꼼짝 않고 멍하게 앉아 있는 그 여학생이 왠지 마음에 걸렸다. 나는 잠깐 멈춘 역에서 내려 도시락 두 개를 사서 하나를 그녀에게 내밀며 같이 먹자고 졸랐다. 그리고 따뜻한 오차도 함께 주면서 "내가 늘 즐겨먹는 건데 맛있게 먹어요."라고 웃으며 말을 건넸다.
처음엔 당황한 듯 괜찮다고 사양하던 그 친구는 내가 웃으면서 재차 권하자 한 숟갈 입에 넣는 듯하더니 마지막엔 밥 한톨도 남기지 않고 다 먹었다.
'아이고, 권하지 않았으면 큰일 날 뻔했네.'
그제야 여학생은 얼굴에 홍조를 띠며 실은 내가 누구인지 한눈에 알아봤었다고, 게다가 팬이라고 웃으며 말했다.
그 학생은 고등학교 때 친구들에게 심하게 이지매를 당한 후로

조혜련의 미래일기 **2011년 05월 29일**

우울증에 걸려 몇 번의 자살 시도를 했었다고 어렵게 속내를
털어놓았다. 그리고 걱정이 된 부모님이 교토에 있는 할머니 댁으로
요양을 보내기로 했고, 지금 그 할머니 댁으로 가는 길이라는
것이었다.
이런 이야기를 들은 조혜련이 그냥 있을 수 없지 않은가?
그때부터 그녀와 나는 도쿄에서 교토까지 어떻게 왔는지 모를 정도로
속 깊은 대화에 빠져들었다.
내가 어떻게 일본 진출에 도전했고, 지금 어떤 노력들을 하고 있으며,
또 미래를 어떻게 만들어 갈 것인지에 대해서 얼마나 열을 내며 말을
했는지 내 목소리는 허스키의 끝을 달리고 있었다.
장장 두 시간에 걸쳐 우리는 서로의 삶을 공유했다. 배터리가 다
되었는지 갑자기 허기가 밀려왔다.
교토에 다 와 갈 무렵 그 친구는 이렇게 이야기했다.
"저는 지금 교토에 내려 다시 도쿄로 가는 열차를 탈 거예요. 이제부턴
누구에게도 상처 받지 않고, 특히 제 자신과의 싸움에서 절대 지지
않을 겁니다. 그리고 오늘부터 저도 미래일기를 써 보겠어요. 혜련 님
덕분에 다시 시작해보고 싶은 의지가 생겼어요! 정말 고맙습니다."

FUTURE DIARY

그렇게 교토에서 내린 그 친구는 신칸센이 다시 출발할 때까지 밖에서 나를 향해 손을 흔들어 주었다.
나도 함께 손을 흔들며 입모양으로 "간밧데네(힘내)!!!"라고 계속 외쳤다.

그때 그 시간이 그녀에게 새로운 삶을 여는 계기가 되었던 걸까. 지금 하네다에 나를 맞이하러 와 준 그녀의 얼굴은 세상에서 가장 행복한 표정이다.
그 옆에는 신오오쿠보 거리에서 우연히 만난 유학생도 있었다. 우리 동네에 사시는 일본 할머니도 와 계셨다. 그 할머니는 한국김치를 좋아하셔서 내가 가끔 엄마가 담가 준 김치를 탑파에 담아서 드리기도 했다.
어머! 오키나와에서도 오셨네. 얼마 전 오키나와에 촬영을 하러 가서 먹은 라면집 주인아줌마. 같이 사진도 찍고 이야기도 많이 나누었는데…….
팬클럽 대표가 앞으로 나와 꽃다발을 주며 말했다.
"혜련 씨! 당신은 정말 따뜻한 사람입니다. 우리는 당신을 보면서 더

조혜련의 미래일기 2011년 05월 29일

열심히 살아야겠다는 생각을 많이 합니다. 앞으로 계속 응원할게요.
사랑해요!!!"
난생 처음 겪어 보는 이 감격스러운 장면에 나는 더 이상 참지 못하고
펑펑 눈물을 쏟았다. 모두모두 너무너무 감사하다.
그래 이거다! 내가 일본에 진출한 이유! 내가 도전하는 이유!! 내가
사는 이유!!!
돈보다 명예보다 인기보다, 나에게 자극을 받아 다시 멋지게 일어서는
한 사람의 팬을 위해 달리는 거야. 이보다 더 큰 보람이 어딨겠는가~!

PRESENT

한 사람을 소중히

현재의 나

이런 날이 오면 얼마나 좋을까……?

기자들에게 자주 받는 질문이 있다. 혜련 씨는 무엇 때문에 그렇게 사서 고생을 하느냐고.

지난날을 되돌아보면 나는 정말 사서 고생을 했다. 얼마 전 유행했던 CF 문구처럼 정말 "집 나가면 개고생이다!"를 몇 번이나 실감하며 일본 생활을 견뎌 왔는지 모른다. 솔직히 걷지 않아도 되는 험한 길을 내가 스스로 택해서 부딪치고 때론 울면서 버티었다.

도대체 왜 그렇게 사서 고생을 하느냐고? 나도 가끔 일본에 있는 네 평짜리 좁은 방에서 혼자 곰곰이 생각해볼 때가 있다.

'내가 정말 일본에 왜 왔을까? 이렇게 문화도 다르고 습관도 다른 곳에……. 한국에서 편하게 살 수 있는데.'

그때 내가 내린 답은, 남들이 안 된다고 한 길을 열심히 걷고 도전해서 길을 잃고 헤매고 있는 사람들에게 "이 길도 있어요!" 그리고

"가 보니까 되더라구요!"라고 온몸으로 보여주고 싶었다. 나를 보고 힘을 내는 팬들과 주변 사람들에게 "저 조혜련도 하는데, 당신들이 못 할 게 뭐가 있겠어요!" 하고 외치고 싶었다.

물론 남이 가지 않은 길을 가면 생채기도 많이 나고 상처도 많이 생긴다. 그런데 그러다 보니 웬만한 일에는 꿈쩍도 하지 않는 강한 생명력이 생겼다. 그것은 돈으로도 살 수 없는 소중한 경험이었다. 그리고 그러한 경험들을 바탕으로 나 아닌 타인에게 긍정적인 영향을 줄 수 있다는 것만큼 의미 있고 소중한 것은 없다고 생각한다.

연예인이 되고 나서 바쁜 스케줄로 피곤해지면 솔직히 사인이나 사진을 요구하며 다가오는 팬들이 귀찮아 건성건성 대할 때가 많았다. '많았었다' 이다. 지금은 아니란 거다. 지금은 최선을 다하려고 한다. 믿어 주시오~!

이렇게 자세가 바뀌게 된 것도 일본을 다니면서부터다. 그냥 우리나라에만 있을 때는 사람이 얼마나 소중한지 특별히 인식하지 못하고 살았는데 타국에 가서야 그걸 깨달았다.

일본에서 전철을 탔을 때 앞에 앉아 있는 사람이 한국 사람이면 나도 모르게 바로 가족처럼 대화를 하게 된다.

유학생이냐, 공부하는 데 힘든 건 없냐, 하는 것들을 물어보면, 언니 나오는 방송 잘 보고 있어요, 하는 대화들이 자연스럽게 오간다. 예전 같으면 "아, 예."라고 건성으로 대답하고 바로 고개를 돌렸을 나인데……. 이제는 사람들이 좋아져 간다. 한 사람 한 사람이 소중해진다.

연예인이 되고 17년, 일본 진출 4년. 이제 조금 세상을 알 것 같고 사람을 어떻게 대해야 하는지를 알 것 같다. 그리고 공인이라는 책임감이 정말 크게 느껴진다.

내가 어떻게 하느냐에 따라 많은 사람들이 영향을 받고, 또 누군가는 커다란 자극을 받기도 한다는 것을 경험으로 알기에 오늘도 나는 심호흡을 하고 자세를 가다듬어 본다.

××××××××××××××××××××

happy diary

배움을 얻는다는 것은 다른 사람이 아닌 자기 자신의
인생을 사는 것을 의미한다. 갑자기 더 행복해지거나 부자가 되거나
강해지는 것이 아니라, 세상을 더 깊이 이해하고 자기 자신과
더 평화롭게 지내는 것을 의미한다.
아무도 당신이 배워야 할 것이 무엇인지 알려 줄 수 있는 사람은 없다.
그것을 발견하는 것은 당신만의 여행이다.
-『인생수업』중에서.

'누구처럼'이 아니라 '나답게' 살자고,
오늘도 꿋꿋하게 뚜벅뚜벅 걸어가자고 다짐해 본다.

YEAR 2013
MONTH MAY
DAY 03

베스트셀러 작가
조혜련

FUTURE DIARY

이런 날이 오는 구나. 처음 자기계발서를 내려고 할 때 '개그맨이 과연 쓸 수 있을까?' 라는 시선도 많았고, 그런 시선이 속상해서 밤새 모니터 앞에서, 또 때론 일본의 좁은 방에 쭈그리고 앉아서 한 글자 한 글자 얼마나 정성스레 써 왔던가.

조혜련의 미래일기 2013년 05월 03일

아침부터 휴대폰이 계속해서 울려 댔다. 자명종 시계를 억지로
잡아다가 한쪽 눈을 힘겹게 떠서 보니 아침 10시였다.
어제 한일 합작 드라마 쫑파티가 새벽까지 이어져서 아침에
일어나기가 너무 힘겨웠던 나는 겨우겨우 전화기를 들었다.
"여…… 여보세요."
가뜩이나 허스키한 목소리가 잠이 덜 깬 탓인지 상대방이 들으면
완전히 남자 목소리라고 착각할 정도로 낮고 굵었을 게다.
"아침 일찍부터 죄송한데요, 조혜련 씨 좀 바꿔 주세요!"
"제가 조혜련인데요. 누구세요?"
목소리가 저음인 탓에 가끔 내가 받아도 남편으로 오해할 때가 많다.
저쪽에선 당황해 하며, 하지만 매우 상기된 목소리로 말했다.
"아! 죄송합니다. 감기 걸리셨나 봐요…….."
'감기 안 걸렸는데…….'
"여기 출판사입니다. 혜련 씨, 잘 들으세요.
『조혜련의 미래일기』가…….."
"아! 저 죄송한데요. 두 시간 뒤에 다시 전화 주시겠어요? 제가 아직
잠이 덜 깨서요."

FUTURE DIARY

"안 됩니다. 조금만 정신 차려 주세요. 그리고 잘 들으세요. 우리 책이 영화로 만들어진대요! 책의 아이디어가 너무 좋아서 영화 「슬럼독 밀리어네어」 같은 기발한 작품이 될 거 같다고 관계자가 제안해 왔습니다. 그리고 있잖아요, 절대 놀라지 마세요. 지금 한국 베스트셀러에 이어 홍콩, 대만, 중국, 일본을 비롯해 아시아 8개국에서도 우리 책이 베스트셀러에 진입했어요!"
이건 꿈이다.
확인차 내 살을 꼬집어 보았다. 보통 드라마를 보면 자기 살을 꼬집어 가며 현실인지 꿈인지를 확인하는데, 그런 장면을 보면 참 바보 같다는 생각을 했었다. 그런데 정작 내게 이런 일이 닥치니까 역시 급한 대로 자기 살을 혹사시키는 것이 가장 빠른 방법 같다.
그런데 정말 아프다!
가끔 정말 현실 같이 느껴지는 꿈이 있다. 장동건 씨가 진지하게 나에게 사랑을 고백해 온다든지 이병헌 씨와 드라마를 찍으며 같이 술 한잔을 하면서 진솔한 대화를 나누는 꿈을 꿀 때가 있다. 하지만 그건 엄연히 현실이 아니고 꿈이었다. 그런데…….
"정말요? 오늘이 만우절은 아니죠?"

조혜련의 미래일기 **2013년 05월 03일**

"진짜예요. 그리고 요즘 만우절 챙겨 가며 농담하는 사람이 어딨어요? 일어나시는 대로 출판사로 나오세요."
이런 날이 오는구나. 처음 자기계발서를 내려고 할 때 '개그맨이 과연 쓸 수 있을까?'라는 시선도 많았고, 그런 시선이 속상해서 밤새 모니터 앞에서, 또 때론 일본의 좁은 방에서 쭈그리고 앉아서 한 글자 한 글자 얼마나 정성스레 써 왔던가. 1년 전의 일들이 주마등처럼 스쳐갔다.
표현력이 달려 답답할 때도 있었고, 허무맹랑해 보이는 미래일기에 풋 하고 혼자 웃음을 터뜨릴 때도 있었다. 가슴이 뛰는 즐거운 일이었음에는 분명하다.
그런데 그 책이 베스트셀러가 되고 해외에서도 발매가 되었단다. 아니 그것도 모자라 영화로까지 만들어진다니 정말 감동, 완전 감동이다. 잠이 덜 깬 눈에 낀 눈곱 위로 눈물이 맺혔다.
아! 하면 되는구나. 상상하면 이뤄지는구나! 이렇게 얼토당토안한 상황을 상상한다는 게 얼마나 어색했던지……. 수정도 여러 번 했지만, 마음을 정하고 끝까지 신념을 갖고 도전한 게 정말 결과를 내는구나!

FUTURE DIARY

내가 세계적인 베스트셀러 작가가 되다니, 그 누가 상상이나 했을까? 학교 다닐 때는 반성문도 제대로 못 쓴다고 담임선생님께 혼난 적도 많았는데 말이다.

PRESENT

상상에 한계는 없고, 내 미래에 불가능은 없다

현재의 나

생애에 내가 쓴 책은 일본어 관련 책 두 권이 전부다. 그것들도 책이라는 걸 써 본 적이 없는 내가 쓰기엔 상당히 버거운 작업이었다.

그런데 책을 쓰다 보니 점점 책상 앞에 앉아서 내 의견과 내 생각들을 글로 정리해 본다는 것이 그렇게 재미있고 신이 날 수가 없었다.

그러다 자기계발서에까지 이렇게 마음이 미치게 되었다. 세계 유수의 베스트셀러 작가들의 단골 체험담 중 하나가 자신이 쓴 원고를 들고 출판사에 갔다가 몇 번이고 퇴짜를 맞았다는 거다. 그래도 포기하지 않고 끝까지 도전하니 나중엔 몇 천만 부가 팔리는 엄청난 베스트셀러 작가가 되었다는 이야기 말이다.

나는 다행히도 샘플로 써 간 장례식과 부산국제영화제 이야기가 출판사 사람들에게 좋은 인상을 주어 "오케이~!" 속에 모든 과정이 일사천리로 진행되었다.

너무 기뻤다. 어떻게 보면 무척이나 황당할 수 있는 이야기에 공감해 주셔서 감사하기까지 했다.

그리고 초고를 넘긴 후 몇 번의 피드백과 수정 작업이 이뤄지면서 나의 미래는 좀 더 정교화되기도 하고, 새로운 꿈이 추가되기도 했다.

이 일기만 해도 처음엔 '조혜련, 100만 부 베스트셀러 작가 되다'였다가 "영화로 만들어지는 상상도 못 할 거 없잖아요?" 하는 주변의 제안에 수정이 되었다.

하지만 영화라니, 자신도 없었을뿐더러 좀처럼 상상이 되지 않았다. 이 미래일기들은 지극히 나의 개인적인 이야기이고 아직 이뤄지지도 않은 몇십 년 후의 상상들인데 어떻게 영화로 그린단 말인가?

하지만 그런 생각을 고쳐먹는 데는 그리 오랜 시간이 걸리지 않았다. 머릿속에 떠오른 두 편의 영화가 있었다.

「벤자민 버튼의 시간은 거꾸로 간다」와 「슬럼독 밀리어네어」. 인간의 상상력이 어디까지인가를 보여주는 대단한 영화들이었다. 두 영화를 보면서 나는 정말 사람 머리처럼 대단한 것이 없다고 생각했다.

만일 이러한 영화를 만든 감독들이라면 내 미래일기도 센세이션을 일으키는 멋진 영화로 만들 수 있지 않을까 하는 생각이 들었다. 최소한 결정적인 모티브는 제공할 수 있으리라. 혹시 이런 상상이 무모하고 가능성 없는 일로만 생각되는가? 물론 처음엔 나도 그랬다. 하지만 중요한 것은, 긍정적인 감정은 기적을 만들어낸다는 사실이다~! 긍정심리학의 대가로 통하는 마틴 샐리그만 박사도 그랬다. 긍정적인 생각은 생각 자체로 머물지 않고 반드시 가시적인 힘을 발휘한다고.

　인생을 살아가면서 우리가 느끼는 감정은 무한하다고 할 만큼 다양하고 바라보는 관점도 수없이 많다. 우리가 어디에 초점을 맞추느냐에 따라 우리의 감정도 함께 따라간다는 것을 잊지 말자.

　예를 들어, 당신은 사진작가이다. 그리고 파티장에 와 있다. 당신이 들고 있는 사진기 렌즈의 초점을 어디에 맞추어서 어떤 사진을 찍는가는 전적으로 당신에게 달렸다. 모두가 즐겁게 춤을 추고 이야기를 나누는 곳에 초점을 맞춰서 찍을 것인가, 아니면 술 취해 말싸움하며 다투는 장면을 찍을 것인가? 어떤 상황에 초점을 맞추는가에 따라 당신의 감정도 달라질 것이다.

　우리가 진정으로 원하는 일들로 가득한 희망적인 미래일기를 써 나갈수록 우리는 실제로 우리가 원하는 일에 생각의 초점을 맞출 수 있게 되고, 그러면 우리의 감정도 그에 따라 더욱 긍정과 감사, 자신감, 열정, 희망 등으로 채워지게 된다. 그리고 그러한 감정은 기적을 낳는다. 혹시 여러분이 지금 힘들고 부정적인 상황에 처해 있다 할지라도, 애를 써서 한 줄의 미래일기라도 써 보기를 간절히 바라는 까닭이 바로 이런 것이다…….

happy diary

살아가면서 우리가 어떤 사건, 어떤 감정에 마음을 쏟고
집중하는가에 따라 삶의 질이 달라진다고 나는 믿는다.
부정적인 생각들에 집중해서는 안 된다.
사실 우리는 아직 일어나지도 않은 일들을 걱정하는 데
너무 집중을 잘하고 필요 이상으로 많은 에너지를 쏟는 것 같다.
'이 주식이 더 떨어지면 어떡하지', '회사에서 잘리면 어떡하지',
'이거 먹고 살이 더 찌면 어떡하지'……. 이런 부정적인 생각들은
자신이 가고자 하는 방향과 정반대쪽으로
핸들을 확 틀어버리는 무서운 힘이 있다.
똑같이 열심히 해도 결국 실패하는 사람과
성공하는 사람의 차이는 바로 어디에 집중하는가에 달려 있다.
어떤 경우에도 '나는 더 이상 가망이 없다'는 생각은 절대로 하지 말자.
멋지고 아름답고 즐겁고 행복한 것에만 집중하자.
하루 중 자는 시간을 뺀 모든 시간을 말이다.
잠깐이라도 부정적인 생각이 들거나 의심이 생긴다면
노래를 부르면서 떨쳐 버리려고 노력해보는 것도 좋은 방법이다.

happy diary

실제로도 꽤 효과가 있다.
나는 주로 아무 뜻도 없는 내 노래 '아나까나'를 불러 대며
부정적인 생각들을 지우곤 한다.
'아나까나 까나리 까니키퍼웨이 바리소올라잇~!'
그러면 워낙 가사 자체가 엉망진창이라
나의 부정적인 생각들도 함께 엉망진창이 되어 머릿속에서 사라져 버린다.
이렇게 날마다 의식적으로 노력하다 보니
나는 어느새 긍정적인 생각만 하는 사람으로 바뀌어 있었다.
물론 그럼에도 불구하고 앞으로도 더 큰 파도들이 시시때때로
나를 흔들어 놓을 것이다. 왜? 사람의 마음은 어쩔 수 없이
하루에도 수천 번씩 바뀌고,
주변 상황에 따라 오르락내리락할 테니까 말이다.
하지만 이미 긍정적인 사고방식과 친해진 나는 어떤 돌발상황이나
시련이 찾아와도 절대 당황하지 않고 "앗! 또 허들이 나왔구나!" 하고
육상경기에서 허들을 뛰어넘듯 경쾌하고 가뿐하게 뛰어넘을 것이다.
누가 뭐래도 나는 소중하니까~!

YEAR 2020
MONTH JULY
DAY 08

미국 프로덕션과
계약한 날

FUTURE DIARY

처음 일본에 가려고 했던 2006년부터 지금까지의 일들이
빠르게 머릿속을 스쳐지나갔다.
온갖 오해와 편견과 부정들과 싸우느라 처음의 결심과
각오보다 훨씬 더 많은 에너지가 필요했다.

조혜련의 미래일기 **2020년 07월 08일**

뉴욕 브로드웨이 3번가 벤자민 커피숍. 미국인 프로듀서 마이클과 한국인 피디가 나에게 악수를 청했다. "롱타임 노시."
"예~ 롱타임 노시."
나는 최대한 발음을 굴리며 환한 얼굴로 웃으며 악수를 받았다. 하도 굴려서 혀 깨무는 줄 알았다.
지금 내 앞에 있는 사람들은 미국 최고의 스타메이커 윌리엄모리스엔데버(WMA) 엔터테인먼트 회사의 실무진들이다. WMA의 소속 연기자로는 멜 깁슨, 덴젤 워싱턴, 에디 머피, 존 트라볼타, 제니퍼 로페즈 등이 있고, 우리나라 연기자는 2년 전부터 비와 이병헌, 김윤진, 그리고 영화감독 박찬욱 씨가 함께하고 있다. 2년 전부터 미국 진출을 상상해 왔고 그림을 그려 오다 보니 우연히 KBS「인간극장」피디가 미국에 촬영을 하러 갔다 친해진 한국인 엔터테인먼트 프로듀서를 나에게 소개해 주었다.
그 분도 정말 대단한 사람이었다. 2000년에 미국에 여행 왔다가 혼자 미국에 남아서 미국 코미디를 공부하고 그 후에 엔터테인먼트 회사에 들어가 지금은 최고의 스타메이커로 불릴 만큼 실력을 쌓게 되었다고 한다. 그런 사람과의 만남 자체가 나에겐 행운이었고,

FUTURE DIARY

난 그 행운을 놓치지 않았다.
처음 만남은 2009년 5월 여의도 아라 커피숍에서 있었다. 그동안 일본어에만 집중해 온 터라 영어는 거의 쓰지 않았던 나지만 그래도 중학교 때부터 대학교까지 거의 10년 동안 영어를 필수과목으로 해 왔고, 또 가끔 외국에 놀러 가면 간단한 생활영어를 써 왔던 터라 그들이 쓰는 영어를 대수롭지 않게 생각했었다. 그런데 이게 웬일! 한마디도 알아들을 수가 없었다. 그들이 쓰는 본토 억양과 발음은 거의 불어나 독어처럼 아득하게만 느껴졌다. 마치 자막 없이 2시간 동안 보는 미국 영화처럼…….
일본에 진출해서 활동하는 것을 비롯해 나에 대한 모든 것을 조사해 온 그 프로듀서는 정확히 이렇게 이야기했었다.
물론 내가 알아들은 건 아니고 한국인 프로듀서가 통역해 주었다.
"혜련 씨의 열정은 높이 산다. 한국에서 활동하다가 일본까지 진출한 것도 대단한데 다시 미국에까지 도전하려는 정신은 높이 평가하지만 미국은 절대 호락호락한 곳이 아니다. 일단 영어를 완벽하게 구사하지 못하면 절대로 미국 방송에서는 통할 수가 없다. 그리고 문화도 공부하지 않으면 안 된다. 이 모든 걸 공부하고 다시 연락 주라. 나도

조혜련의 미래일기 **2020년 07월 08일**

지금부터 당신이 미국에서 무얼 하면 좋을지를 연구해 보겠다. 만일 포기하고 싶다면 언제든지 전화 주라."
정말 미국인답게 쿨하다. 말 그대로 쿨, 차갑다.
당황해 하는 나에게 악수를 청하며 그는 마지막 한마디를 남겼다.
"영어로 말할 수 있게 되면 그때 뉴욕에서 다시 만나자." 물론
이 말도 통역해 줘서 알아들었다. 아는 단어인데도 말이 빨라서
도통…….
헤어져서 집으로 돌아오는 길에 머릿속은 온통 영어 생각뿐이었다.
'말할 수 있게 되면……. 얼마나 말할 수 있게 되면? 기간은 얼마나?'
다시 전화해서 물어보고 싶었지만 그만두었다. 어차피 답해 줘도 못
알아들을 텐데 뭐…….
그 후 파란만장한 2년이 지났다.

그리고 바로 오늘!
오늘의 면접에 의해 내 미국 진출이 결정되는 것이다.
지난 2년간 영어로 된 거라면 닥치는 대로 보고 들었다. 단어장은 씹어
먹었다. 화장실, 차 안, 거울 앞, 컴퓨터 앞은 영단어가 적힌 포스트잇

FUTURE DIARY

투성이었고 외화는 자막 없이 봐서 남편이 짜증도 여러 번 냈다.
「프렌즈」전편, 「섹스앤더시티」, 「히어로」 등등 같은 장면, 같은 비디오를 몇백 번씩 듣고 봐 가며 영어의 억양과 발음을 그대로 흉내 냈다. 그런 노력들을 숨기고 짐짓 여유 있고 태연한 모습으로 미팅 장소로 향했다.
악수를 하며 오랜만이라고 반갑게 인사하는 마이클에게 나는 대담하게 뜨거운 포옹을 하며 영어로 인사했다. 2년 전 쭈뼛거리던 모습과는 대조적으로~!
그리고 통역 없이 두 시간을 줄곧 영어로 이야기해 나갔다.
세상에, 그 사람들이 하는 뉴욕영어가 너무나 잘 들렸다. 아니, 그들이 하는 이야기를 이해하고 거기에 농담까지 곁들이는 내가 되었다. 남이 아니다. 나다.
내가 하는 농담에 마이클이 깔깔대며 웃어주기까지 했다.
나는 겉으로는 '후후~ 이 정도로 놀라긴' 하는 투로 여유 있게 웃었지만 속으로는 감격의 눈물이 줄줄이다.
'아~! 영어가 들린다. 그리고 이해가 된다.'
테이블에 놓인 그야말로 아메리칸 스타일의 커피가 식는 줄도 모르고

조혜련의 미래일기 **2020년 07월 08일**

침을 튀겨 가며 흥분한 나는 그간 공부한 상식과 문화와 어학을
총동원하여 유창하게 영어로 떠들었다.
"2년 전 만난 당신 맞아? 혹시 닮은 사람 아니야?"라는 마이클의
능청맞은 농담에 "오! 나와 닮은 사람이 있다니 정말 그 사람과 마음껏
울고 싶네요."라고, 우리나라에서는 통하지 않지만 미국에서는
통하는 개그를 섞어 가며 대화를 주도했다.
마이클은 사무실로 돌아가 회의를 하고 나에게 전화를 주겠다고 했다.
그렇게 커피숍을 나와 소호거리에서 나를 기다리고 있던 남편과 나는
간단하게 일식으로 요기를 하고 뉴욕이 한눈에 내려다보이는
노보텔호텔 21층 룸에서 전화를 기다렸다.
저녁 8시쯤이었다. 마이클이었다.
"헤리언, 내일 사무실에서 계약서를 씁시다. 축하해요. 그리고 잘
부탁합니다."
맙소사, 꿈은 이루어진다!
난 이렇게 답했다. "이제부턴 '리언조'라고 불러 주세요."
마이클은 "리언조. 리언조……. 오케이~! 이름 마음에 듭니다."라고
칭찬해 주었다.

FUTURE DIARY

이 이름은 3년 전 이 미래일기를 쓸 때 출판사 스탭들과 함께 만든 미국식 이름이다.

나는 전화를 끊고 허재를 끌어안았다.

"고마워. 네가 지켜주어서 내가 된 거야. 정말 고마워~~!"

일본 진출때도 호리프로덕션과 계약하던 날 그녀와 나는 목을 놓아 울었더랜다. 오늘 우리는 또 한번 후련하게 눈물을 쏟았다. 그동안 얼마나 많은 일들이 있었던가. 처음 일본에 가려고 했던 1996년부터 지금까지의 일들이 빠르게 머릿속을 스쳐지나갔다.

온갖 오해와 편견과 부정들과 싸우느라 처음의 결심과 각오보다 훨씬 더 많은 에너지가 필요했다. 그리고 또 하나. 허재 그녀가 지켜주지 않았다면 포기했을지도 모른다. 가족들의 배려와 이해가 없었다면 불가능한 도전이었다. 어떤 감사의 말로도 표현이 안 되는 부분이다.

이제 조혜련이 뛰어야 할 무대는 미국이다.

미국에서 한국 고추의 매운맛을 멋지게 보여주리라.

리언조의 인간다운 매력을 마음껏 미국 시장에서 발산하리라.

기다려라 미국인들이여~!

PRESENT

농담까지도 실천해내는
에너자이저

현재의 나

미국에 진출하겠다고 마음먹은 것은 내가 농담처럼 흘린 한마디 때문이었다. 일본 진출로 한참 인터뷰가 많았을 당시 2008년으로 기억된다. 한 기자가 질문했다.

"조혜련 씨는 일본 활동으로 바쁘신대요. 다른 꿈도 있습니까?"

"아직 일본에서는 신인이지만 열심히 하다 보면 언젠가 커다란 결실을 맺을 수 있겠죠. 그 후엔 제가 존경하는 오프라윈프리쇼에도 꼭 나가봐야죠."라고 웃으면서 대답했었다.

그 다음날 인터넷의 각종 포털에는 '조혜련 오프라윈프리쇼가 목표'라는 헤드라인이 떴고, 한 댓글에는 이런 말도 실렸었다.

"조혜련 그만해라. 가뜩이나 네가 일본에 진출하고 나서 한국 여자는 다 너처럼 생긴 줄 아는데 그 얼굴로 미국까지 간다니 정말 어쩜 좋냐. 적당히 좀 해 주삼!"

농담처럼 던진 말이 반복되면 반복될수록 '해야 되나……? 할까……? 한다……. 반드시 한다!' 라고 바뀌게 되었고, 급기야 정말로 영어를 공부하기에 이르렀다. 아직 일본어도 완전히 머릿속에 정리가 안 된 나였기에 두 가지 외국어를 동시에 배운다는 것이 무리라는 생각도 들었지만 우연히 방송에서 만난 박현영 언니의 이야기를 듣고 다시 용기를 얻었다.

"내 딸은 지금 4개 국어를 동시에 해. 인간의 뇌는 대단한 능력을 갖고 있어서 머릿속에 아무리 많은 것을 넣어도 쓰레기 분리수거하듯이 다 나뉘어져서 습득이 된대. 그래서 유럽인들 중에는 8개 국어를 하는 사람들도 있잖니. 나도 지금은 영어를 하면서 러시아어를 공부하고 있어! 그러니까 너도 힘내!"

박현영 언니의 이야기는 나에게 큰 힘이 되었다. 그녀는 미국에 한 번도 가지 않고 혼자 한국에서 영어를 마스터해서 미국인보다 더 미국적인 영어 표현을 하기로 유명하다. 사실 그렇게 따지고 보면 개그맨 김영철도 한국에서 학원에 다니면서 영어를 마스터하지 않았나. 제스처는 개그맨답지만. ☺

대한민국의 정규 교육과정은 다 밟은 나이지만, 그렇게 배운 영어로 막상 회화를 하려니 머릿속에 떠오르는 게 아무것도 없었다.

지금 떠오르는 건 우리말과 일본어뿐. 특히 영어는 어순이 반대이기에 더 어렵다는 것이 커다란 벽이었다.

일단 나는 영어 관련 책 몇 권을 사서 일본어 공부하던 버릇을 떠올려 가며 단어를 하루에 50개씩 외워나가기 시작했다. 그리고 몇 권의 책을 통해 주먹구구식이나마 꾸준히 영어 공부를 놓지 않았다. 그렇게 몇 달을 지내고 친구의 소개로 미국 친구를 만나 대화를 하는데, 이게 웬일! 도대체 무슨 말을 하는지 알아들을 수가 없었다. 마치 영어가 아니라 불어를 하는 것만 같았다. 발음이 나랑 달라도 이렇게 다를 수가 있나!

그때 만난 책이 『박코치 기적의 영어학습법』이라는 책이었다. 박코치는 체육학과 출신으로 영어와는 담을 쌓은 사람이었다. 그런 사람이 마치 근육을 만들듯이 영어를 운동처럼 습득했다며 천 시간만 영어를 위해 집중 투자하면 미국인처럼 이야기할 수 있다고 자신만의 공부법을 이야기했다.

그의 방식은 간단했다. 하루에 4시간씩 매일 미국 시트콤과 영화를 자막 없이 보고 따라하고 받아 적기 시작했다고 한다. 똑같은 장면을 보는 것이 때로는 지겨웠지만 그 지겨움을 버텨 내니 서서히 영어가 들리기 시작하고 발음도 제법 똑같이 흉내 낼 수 있게 되었단다. 한마디로 문장 자체를 전부 암기하는 어찌 보면 무식한 방법이었던 것이다. 그는 아마 같은 장면을 수백 번도 더 보았으리라.

처음엔 전혀 알아들을 수 없던 문장들이 지금은 머릿속에 완전히 들어와서 자다가도 시트콤 한 편을 줄줄 욀 정도가 되었다고 한다. 그렇게 6개월이 지나자 영어가 한국말처럼 편하게 들리기 시작했단다. 세상엔 노력으로 안 되는 것이 없다는 것을 실감했다고 한다.

그렇게 보면 몇 년 전에 히트를 했던 『영어공부 절대로 하지 마라』

도 같은 맥락인 것 같다. 그 저자도 같은 테이프와 같은 비디오를 계속해서 반복해 보라고 권유했다.

'모르는 것이 있으면 몇백 번이고 계속해 봐라. 내 것이 되지 말라고 애원을 해도 내 것이 될 수밖에 없다.' 이런 논리가 아닐까?

몇 달 전부터 미국 진출을 결심하고 영어공부에 돌입한 나는 이 두 사람의 방법을 택했다.

사실 한국에서의 방송 스케줄에 일본 활동까지, 그리고 책도 써야 했기 때문에 따로 학원을 다닐 시간도 없었다. 그래서 일단은 밤마다 혼자 컴퓨터 앞에 앉아 「악마는 프라다를 입는다」를 보고 있다.

처음엔 자막 없이 보려니까 정말 너무 힘들었다. 상영시간 1시간 49분. 매일 반복해서 같은 장면을 보려니 그것도 곤욕이었다.

하지만 일주일이 지나자 조금씩 들리기 시작했다. 물론 앞으로도 네 달은 족히 더 봐야지 싶다. 하지만 이것도 나와의 싸움이기에 한 번 도전해 보련다. 아니 도전해야만 한다. 2년 뒤에 있을 미국 프로덕션과의 만남을 위해서 말이다.

누군가는 또 비웃을 것이다. 나이 마흔에 시작해서 언제 결과를 보려고 하느냐. 아예 포기해라. 하던 거나 잘해라…….

하지만 나는 마흔 살이기에 아직 빠르다고 생각한다. 쉰 살보다는, 예순 살보다는 시작하기에 충분히 빠른 나이가 아닌가.

가장 늦었다고 생각할 때가 가장 **빠르다**는 말은 그냥 보기 좋으라고 책에만 있는 말이 아니다.

　지금이다! 바로 지금!!

　두고 보라. 농담처럼 흘린 오프라윈프리쇼 출연 때문에 다시 나에게는 미국 진출이라는 커다란 숙제가 생겼지만 반드시 이루어낼 거라고 내가 나를 믿는다.

　오늘도 나는 메릴 스트립이 하는 대사를 듣고 나서 잠을 잘 것이다.
"유캔두잇! 아이켄두잇! 위캔두잇!"

　여러분도 나처럼 한번 도전해 보시지 않으시렵니까?

　딱 천 시간만 한 번 속은 셈 치고 해 봅시다. 예~?! ☺

happy diary

(나의 멘토, 나의 단짝 허재의 쪽지를 그대로 옮겨 본다.)

11년 전 언니와 이소라 다이어트 비디오를 함께 봤다.
그때 언니가 말했다. "그래, 바로 저거야! 난 비록 다리는 짧지만
노력으로 예쁜 몸매를 만들어서 나 같은 몸매로 고민하는
사람들에게 희망을 줄 거야. 이소라 언니처럼!"
나는 멍했다. 드라마 「미스터 Q」로 한창 인기가 올라갔는데
왜 그런 무모한 행동을 하려고 할까.
혜련 언니는 예쁜 몸매로 통하는 연예인도 아닌데…….
나는 말리고 또 말렸다.
그 후 나는 해외출장으로 한 달 동안 언니를 보지 못했다.
그러던 어느 날 전화가 왔다. "체조경기장이야. 빨리 좀 와 봐."
흥분된 목소리에 무슨 일이 있나 싶어 택시를 타고 달려갔다.
도착하자마자 "하나 둘, 퀵 퀵!" 하는 소리들이 들리고 6kg이나 감량된
언니의 모습이 보였다. 입이 쫙 벌어졌다.

happy diary

언니는 불과 한 달 새에 그렇게 살을 뺐고
벌써 오늘이 마지막 촬영이라고 했다.
당시는 언니와 알고 지낸 지 1년밖에 안 됐을 때였고,
그 다이어트 비디오 촬영 건은 언니를 제대로 알게 된 큰 사건이었다.
그때 느꼈다.
'조혜련은 말과 행동이 동시에 이루어지는 사람이다!'
(물론 가끔은 행동이 너무 빨라 손해 볼 때도 있지만. ㅋㅋㅋ)
히라가나도 모르고 일본에 아는 사람도 한 명 없던 내가
언니 하나만 믿고 일본 진출 프로젝트를 기획하고 진행한 건,
백만 개의 장애물이 있어도
조혜련은 스스로 결의한 것은 모조리 이루어내는
숙습이 있다고 믿었기 때문이다.
조혜련의 근성과 성실과 책임감에 나는 늘 찬사를 보낸다!
그렇기에 오프라윈프리쇼 출연의 꿈은 당연히 이뤄질 거고,
나는 미리 축하 샴페인을 준비해 놓을 것이다.

YEAR 2019
MONTH MARCH
DAY 04

우주, 가수 되다

FUTURE DIARY

우주가 우리에게 내민 건 학교 성적표가 아닌 엔터테인먼트 회사 정식 계약을
위한 부모님 동의서였다. 자식 이기는 부모도 없거니와,
나는 무엇보다도 우주의 기질과 열정을 믿고 도장을 찍어 주었다.

조혜련의 미래일기　**2019년 03월 04일**

"소지섭! 나도 가도 되지?"
"오지 마~. 바쁘다면서 뭣하러 와."
"그래도 니 첫 콘서트인데 엄마가 어떻게 가만있을 수 있니! 꽃다발 들고 가서 볼 거야."

내가 소지섭이라고 부른 이는 내 아들 김우주다. 우주는 특히 눈매를 비롯해서 내가 좋아하는 소지섭 씨를 닮아 가끔 장난으로 우주를 그렇게 부른다. 그런 우주가 기어이 일을 냈다. 녀석, 가수가 되고 나서 오늘이 바로 처음으로 콘서트를 한 날이다.

이름 김우주
나이 18세!
키 187cm
몸무게 78kg
생김새 배우 소지섭과 많이 닮음(조혜련의 개인적인 소견임).
성격 고집 세고 한번 마음먹은 것은 절대 굽히지 않음.

FUTURE DIARY

우주가 소속돼 있는 밴드 '티샷'이 타이틀곡으로 발표한 노래
'설레임'은 세상에 나오자마자 각종 차트에서 연속 3주 1위를
차지했다. 우주는 티샷에서 드럼과 보컬을 겸하고 있다.
참! 설레임이라는 노래를 작곡한 것도 우주이다.
'티샷'이라는 밴드 이름은 골프를 너무 좋아하는 사무실 사장이 첫
티샷을 꽂았을 때의 그 짜릿한 느낌이 너무 좋아서 짓게 된 이름이다.
며칠 전 「인기가요」라는 프로그램에서 신명나게 드럼을 치며 노래를
부르는 우주의 모습을 생방송으로 지켜보며 아들이지만 너무
멋있어서 소녀팬처럼 소리를 지르고 자리에서 들썩들썩 거렸다.
드럼을 치면서 동시에 노래를 한다는 게 결코 쉬운 일은 아닌데,
그 리듬감은 대체 어디에서 나온 건지 신기할 노릇이다. 어쨌든
우주가 그렇게도 열망하던 꿈에 한 발짝 성큼 다가선 모습이 부모로서
자랑스럽다.
사실 우주는 공부하고는 별로 친하지 않았다. 초등학교 때부터 자기가
주도해서 댄스반을 결성하는가 하면, 중학교 2학년 때는 가수가
되겠다고 오디션을 보러 다녔다. 보기 좋게 떨어지기를 몇 번, 그래도
조금도 주눅 들지 않고 기세 좋게 도전하더니 어느 날 덜컥 오디션에

조혜련의 미래일기 **2019년 03월 04일**

합격했다. 악기를 기본으로 다루는 데다 춤과 노래가 겸비되니 후한 점수를 받았나 보다. 그 후로 다섯 명의 밴드가 구성되기까지 일사천리로 일이 진행됐다.
우주가 우리에게 내민 건 학교 성적표가 아닌 엔터테인먼트 회사 정식 계약을 위한 부모님 동의서였다. 자식 이기는 부모도 없거니와, 나는 무엇보다도 우주의 기질과 열정을 믿고 도장을 찍어 주었다.
그리고 3년이 흘렀다.
하루는 우주와 식사를 하며 힘들지 않느냐고 물어보았다. 조금 술이 오른 우주가 제법 눈에 힘을 주고 말했다.
"내가 선택한 길이야, 엄마. 지금은 솔직히 힘들어 죽겠는데, 그래도 더 노력해서 반드시 성공할 거야! 난 엄마, 노래를 작곡하고 그 노래를 부를 때가 제일 행복해. 내 노래에 공감하는 세계의 사람들 앞에서 같이 노래하고 같이 박자를 맞추는 거, 정말 상상만 해도 짜릿하다니까! 두고 봐."
그때 남편이 한마디 거들었다.
"아이고, 조 여사 아들 아니랄까봐 아주 똑같네 똑같아~!"
괜히 모자지간인가! 자랑스러운 내 아들 우주야, 너도 행복하고 다른

FUTURE DIARY

사람들에게도 행복을 전해주는 그런 가수로 영원하라~! 팍팍! 참! 지난달에 그룹 빅뱅은 미국 빌보드차트 댄스 부분에서 1위를 기록, 다시 한 번 한국 문화의 저력을 보여주어 세계가 놀랐다고 뉴스들은 일제히 보도했다. ☺

PRESENT

미쳐야 미친다

　우주는 공부에 별로 취미가 없어 보인다. 이제 겨우 초등학생인데 어떻게 벌써 그걸 아느냐고? 음~. 미안하지만 딱 보면 안다.
　우주는 때때로 이야기한다. 수학도 싫고, 책 읽는 것도 너무 싫다고. 한번은 누구에게 들었는지 이런 말을 했다.
　"왜 나는 겨우 여덟 살인데 실컷 못 놀아?! 아직 애잖아. 공부는 나중에 해도 되고, 또 공부 잘한다고 꼭 성공하는 건 아니래. 미국에서 박사학위를 받아도 일이 없어서 노는 사람이 많다고 하던데 뭘!!"
　이거 어디 뭐 여덟 살이 할 이야기인가!
　"너 그런 말은 어디에서 들었니?"
　"다큐멘터리에서 봤어. 우리나라 교육의 문제점에 대해서 방송하던데!"
　참 말 자~알 한다.
　나도 공부는 강요하기 싫다. 가끔 아파트 엘리베이터에서 동네 아이들과 마주치곤 하는데, 그 아이들을 보면 파릿파릿해야 할 눈이 피곤에 찌들어 고개를 푹 숙이고 있다.

"너 왜 이렇게 힘이 없니?"라고 물으면 "놀구 싶어요."라고 대답하며 한숨까지 곁들여 가며 다시 고개를 푹 숙인다.

세계에서 가장 교육열이 높은 나라가 대한민국이고 그 교육 덕분에 우리나라가 이 정도 발전했다지만 그래도 요즘 돌아가는 걸 보면 아이들이 너무 불쌍하다는 생각이 든다. 똑같은 주입식 교육 탓에 요즘 아이들은 상상을 하지 못한다. 코끼리를 그리라고 하면 정말 모두 사진처럼 똑같이 그린다.

난 우주가 정말 잘하는 게 뭔지 곰곰이 생각해봤다.

우주는 차만 탔다 하면 빅뱅의 '붉은노을'이나 비의 '레이니즘' 등 어른들도 따라 하기 힘든 노래를 박자 하나 가사 토씨 하나도 틀리지 않고 신나게 노래한다. 집에서는 댄스음악을 틀어놓고 나름대로 브레이크댄스를 추며 마룻바닥을 자기 바지로 다 닦고 다닌다.

책을 보라고 하면 몸을 비비 꼬면서 10분도 채 읽지 못하는데, 냄비나 그릇을 엎어 놓고 젓가락으로 드럼 치는 시늉을 할 때면 자기가 마치 퀸의 로저 테일러가 된 것처럼 2시간이 넘도록 지치지도 않고 신명나게 두드린다.

이런 끼는 아마도 개그맨인 내게서 물려받았을 터. 그렇다면 공부를 안 하는 건 누구를 닮은 거지? 난 그래도 공부도 어지간히 즐기는 편인데……. 그렇다면?? ☺

우주가 가장 행복해 할 때는 자기가 가장 좋아하는 일을 할 때인 것 같다. 음악을 듣고, 춤을 추고, 축구를 할 때…….

내가 우주의 미래일기를 가수로 쓴 까닭은 사실 『세상에 너를 소리쳐』라는 빅뱅의 에세이를 읽고 나서다.

빅뱅이라는 그룹은 한마디로 찰지다. 야무지다. 그리고 에너지가 넘친다.

난 아이돌을 그렇게 좋아하는 스타일은 아니지만 빅뱅을 보고 있으면 내가 오히려 나태한 것 같은 느낌이 들어 반성하게 될 정도다.

흔히들 얼굴 잘 생기고 춤 잘 추면 아이돌 스타가 된다고 생각한다. 그런데 빅뱅은 다르다. 그들의 에세이를 읽어 보면 다섯 명이 6년이라는 연습기간 동안 얼마나 이를 악 물고 버티고 또 견디고 도전해왔는가를 짐작할 수 있다.

그리고 또 한 가지 중요한 것! 아무리 힘들어도 자신이 정말 하고 싶어 하는 일을 할 때는 엄청난 에너지가 나온다는 것을 알 수 있다.

빅뱅의 지용 군은 어렸을 때부터 힙합과 팝이 좋아 매일 몇 시간씩 노래를 들으며 따라 불렀고, 중학교 때부터 빅뱅이 되기 위해 무려 6년이라는 긴 연습생 시절 동안 매일 8시간씩 연습을 했다.

6년! 말이 6년이지 얼마나 긴 시간인가. 내가 일본 진출에 도전해서 지금까지 달려 온 시간이 이제 4년인데, 그것보다 더 긴 시간이다. 아이고, 길다.

당시 양현석 사장이 지용에게 요구한 건 매주 한 곡씩 작곡을 하라는 거였다. 하지만 그렇게 작곡을 해 와도 쓰레기통에 버려지고 버려지고……. 그 연습을 거의 6년을 해 온 뒤 이제는 장난같이 쓰는 곡도 최고의 히트곡이 되는 실력을 갖추게 되었다. 책에서 지용은 말했다. 세계적인 작곡가가 되고 싶다고. 흑인의 필을 알 수는 없지만 한국의 한을 잘 알기에 그 한을 세계에 알리겠다고.

정말 멋있다. 박수를 보내고 싶다. 지용은 반드시 그렇게 될 거라고 믿는다.

우주도 지용 군처럼 되었으면 한다. 엄마인 내가 그렇게 그림을 그리고 있다. 공부하라고 강요하기보다 아들이 좋아하는 일을 잘할 수 있게 도와주고 싶다.

내가 임의로 우주의 꿈을 가수로 그려 보았지만 이것은 절대로 강요가 아니다. 아직 우주가 어리기에 무얼 잘할지 몰라 그가 좋아하는 노래를 하는 일에 대한 상상을 토대로 미래일기를 써 본 것이다.

우주의 멋진 미래는 우주가 스스로 그려 나갈 것이다. 그리고 나는 아들이 어떤 미래를 선택하든 엄마로서 언제나 그가 원하는 그림을 함께 그려 줄 것이다.

하지만 이것만은 바란다.

어디에서 무엇을 하든 세상에 꼭 필요한 사람이 되었으면 한다는 것. 김우주가 있어서 너무 좋았다고, 네가 있음으로 해서 우린 행복했다고 말하는 사람들이 많았으면 좋겠다.

happy diary

한비야 씨의 에세이를 읽다가 이 세상 구석구석을 향한
그녀의 따뜻한 시선에 감동을 받은 적이 있다.
그녀는, 비유하자면, 링 위에 쓰러져 있는 사람을
무조건 일으켜 세워 다시 싸우게 하는 것만이
응원은 아니라고 말한다. 오죽하면 누워 있겠는가 말이다.
나는 응원에도 "이길 때 하는 응원과 질 때 하는
응원이 따로 있다"는 것을 새삼 배울 수 있었다.
승자와 패자를 우리 멋대로 나눠서 일방적으로 힘내라,
싸워라 등 떠미는 것은 잔인하다. 모든 선택은 존중받아야 하고,
다양한 삶의 모습들에 대한 세심한 배려와 따뜻한 시선이 필요하다.
아나운서도 소중하고, 개그맨도 소중하다. ☺

YEAR 2013
MONTH OCTOBER
DAY 04

우리 시대 최고의 배우 조지환

FUTURE DIARY

인터넷에는 계속해서 '한국 최고의 연기자' 라는 찬사가 실렸고, 잘 생기진 않았지만 개성 있는 조지환의 얼굴이 사람들의 마음을 끌기 시작했다. 정말 꿈만 같은 일이다.

조혜련의 미래일기 2013년 10월 04일

조지환 주연, 봉준호 감독의 신작 「구해줘」가 오늘 집계로 전국 관객 1,200만 명을 돌파했다.

내 남동생 지환이가 최고의 영화배우가 되다니 정말 너무 기뻐 팔짝 뛸 지경이다.

7년 전부터 대학로를 전전하며 배우의 꿈에 목말라 하던 지환이가 어느덧 세계적인 배우가 된 김윤석, 최민식, 황정민 버금가는 한국 최고의 배우가 되었다.

하정우가 몇 년 전 「추격자」로 이름을 날릴 때 정말 난 지환이가 하정우처럼 되기를 진심으로 기원하고 상상했었다. 그 상상이 지금 현실로 이루어진 것이다.

엄마에게 바로 전화를 걸어 짐짓 너스레를 떨었다.

"엄만 좋겠수. 아들이 이렇게 멋진 배우가 돼서~!"

"그래, 내 지환이가 이렇게 될 줄 알았다. 아이고, 그 아들 낳을라고 내가 딸을 여섯이나 낳고 마지막에 그게 나왔는데 서른이 넘도록 장가도 안 가고 연기자 된다고 깝죽깝죽대고 일은 안 들어오고 내가 십 년 동안 그 놈아 때문에 는 주름이……."

정말 우리 엄마는 한 번 통화를 하기 시작하면 끝날 줄을 모른다.

FUTURE DIARY

"그래 엄마 알았어. 하여튼 오늘 축하파티 한다고 하니까 나도 참석해서 축하해 주려고. 또 전화할게!"

"잠깐만, 내 말 한 마디만 들어라. 내 이제 죽어도 한이 없고마. 고맙다이 혜련아. 마음 써 줘서……. 흑흑……."

나는 서둘러 전화를 끊었다. 눈물이 날 것 같아 더 이상은 수화기를 들고 있을 수가 없었다.

인터넷에는 계속해서 '한국 최고의 연기자'라는 찬사가 실렸고, 잘 생기진 않았지만 개성 있는 조지환의 얼굴이 사람들의 마음을 끌기 시작했다. 정말 꿈만 같은 일이다.

앞으로도 좋은 작품과 좋은 감독을 만나서 더욱더 농익은 연기를 보여주는 내 남동생으로, 고고씽~!

PRESENT

생생하게 꿈꾸라,
꿈은 이루어진다

현재의 나

지환이가 처음 영화에 출연한 건 2003년 개봉한 「실미도」라는 영화였다. 강우석 감독, 설경구·안성기 주연. 정말 화려한 영화였다.

하지만 지환이는 결코 화려하지 않았다. 말이 데뷔이지 엄마 말로는 개봉 첫날 「실미도」를 보러 갔다가 아무리 눈을 크게 떠도 나오지 않는 아들을 스크린에서 찾다가 잠깐 옆에 있는 음료수 빨아 먹으려고 고개 숙이는 순간 리액션 한 컷이 지나갔다고 한다.

대원 30명 중 한 명으로 출연한 지환이는 촬영은 8개월에 걸쳐 했지만 나오는 장면은 풀샷이 대부분이었고 바스트샷은 딱 한 컷뿐이었다. 그것도 우리 엄마는 놓친 것이다.

돌이켜보면 지환이가 나약한 남자로 사는 걸 원치 않았던 나는 유독 이 막내에게만은 냉정했던 것 같다. 용돈도 거의 주지 않았다.

딸 여섯 명 사이에서 자란 탓인지 지환이는 왠지 의지력이 약하고 마음이 여린 것 같았다. 착하기는 한데 마음먹은 걸 금방 포기하는

편이라 울화통이 치밀 때가 여러 번 있었다.

「실미도」라는 영화는 지환이에게 영화병이라는 아주 독한 마음의 병을 주었다. 하지만 아직 기회가 오지 않은 건지 아직도 대학로에서 굶어 가며 연극을 하고 있다. 여자친구들도 많이 떨어져 나갔다. 너무 비현실적이라고 힘들어 하면서……. 이 아들을 낳기 위해 우리 엄마는 그토록 고생하며 딸 여섯을 낳았건만 그 아들이 좀처럼 기를 못 펴고 있다.

7년이 되어 간다. 가끔 지환이가 나오는 연극을 보러 가면 갈 때마다 정말 연기력이 많이 늘어서 배우로서의 가능성이 충분하다고 본다. 하지만 영화나 드라마에서는 아직 그를 찾고 있지 않다.

우리 엄마 소원이 아들한테서 용돈 받아 보는 거란다. 그리고 장가 가서 행복하게 잘 살고, 잠깐 한눈 팔아도 영화 스크린에서 확확 볼 수 있는 그런 날을 보는 게 소원이란다.

그래서 이런 미래일기를 써 봤다. 반드시 그런 날이 오리라고 나는 믿는다. 나는 이메일로 이 미래일기들을 지환이한테 보내 주었다. 곧이어 지환이에게서 문자 메시지가 도착했다.

> 허황된 글들이라고 판단해 버리기엔 너무나 디테일하고 풍요롭다. 나도 글쓰기 VD해야겠다. 암튼 상상력 최고다. 누나! 책 내도 되겠어. 어메이징이야.

여기서 VD는 『꿈꾸는 다락방』에 나온 '생생하게 꿈꾸라'는 뜻의 말이다. 나도 지환이에게 곧장 답장을 보냈다.

푸하! 야, 지금 책 쓰고 있는 거야. 출판사랑 계약해서 열나게 쓰고 있어~!!

진짜?!?! 누나 글재주 있네~! 나도 보탬이 되면 좋겠다. ^ ^

지환이는 지금 내가 그린 미래일기처럼, 그리고 자기가 더 구체적으로 미래를 그려 가며 자신의 꿈을 향해 부끄러움 없는 도전을 하고 있다. 그리고 며칠 전 희소식이 들려 왔다. 최근에 지환이가 본 오디션에 당당히 합격, 새로운 드라마 작품에 출연하게 됐다는 것이었다. 와우!! ☺ 조만간 이병헌 씨 주연의 드라마 「아이리스」에서 내 동생을 볼 수 있게 된 거다.

이제 시작이다. 이 미래일기가 그대로 현실이 되는 그날까지, 사랑하는 조지환, 끝까지 끝까지 응원할게. 화이팅!

happy diary

신기하게도 그냥 비타민제를 소화제라고
알고 먹으면 정말로 소화 작용이 원활해진다는
임상실험 결과가 있었다.
'치유를 위해서 약은 항상 필요하지 않지만, 믿음은 항상 필요하다'는
노먼 커즌스 박사의 말을 새삼 실감한다.
『웃음의 치유력』이라는 책을 통해 알게 된 노먼 박사는
강직성 척수염 환자를 웃음치료와
긍정적인 생각만으로 고친 저명한 분이다.
역시 만사는 마음먹기에 달려 있는 걸까~? 그렇다!
어떠한 경우에도 마음이 가장 중요하다.
우리의 마음속에는 저마다 반짝반짝 빛나는 태양이 살아 있다.
태양이 한번 솟으면 세상의 모든 어둠이 일순간에 밝아지듯,
나는 언제든 내 마음속의 태양을 끄집어내어 모든 부정적인 생각과
불평불만들을 없애버릴 거다. 오늘도, 해야 솟아라~!

YEAR 2013
MONTH JUNE
DAY 03

키무라 타쿠야와
CF를 찍다

FUTURE DIARY

세상에! 키무라 타쿠야와 내가 CF를……!
같이 찍지 않고 그냥 그가 CF를 찍고 있는 걸 옆에서 보는 것만도 영광일 텐데
이게 웬일이니~!

FUTURE DIARY

오늘은 일본 도쿄의 도쿄베이 위 유람선에서 촬영이 있었다. 일본 최고의 배우 키무라 타쿠야와 내가 어렵게 서로의 일정을 조율하여 드디어 오늘 이렇게 맥주 광고를 찍게 된 것이다. 세상에! 키무라 타쿠야와 내가 CF를……!
같이 찍지 않고 그냥 그가 CF를 찍고 있는 걸 옆에서 보는 것만도 영광일 텐데 이게 웬일이니~!
사실 내가 일본어를 처음 공부할 때 늘 본 것이 키무라 타쿠야가 나오는 드라마였다. 그는 외모도 내 이상형이지만 드라마에 비쳐지는 쿨한 성격은 정말 모든 여성이 반하기에 충분하다.
"드라마에 보여지는 모습보다 실제가 더 멋있고, 성격도 좋아요."
일본 방송 관계자들이 모두 입을 모아 이렇게 키무라를 칭찬하는 걸 듣고 나는 완전히 그의 팬이 되었다.
1년 전 인기 그룹 스마프가 진행하는 「스마스마(내가 제일 좋아하는 일본 쇼 프로그램)」에 게스트로 나갔을 때 난 키무라 타쿠야를 만난다는 생각에 전날 밤 잠을 이룰 수가 없었다.
분장실에 가서 인사를 하자 키무라 타쿠야는 "안녕하세요, 정말 만나뵙게 되어서 반가수모니다."라고 웃으면서 한국말로 나에게

조혜련의 미래일기 **2013**년 **06**월 **03**일

her yun's sketch

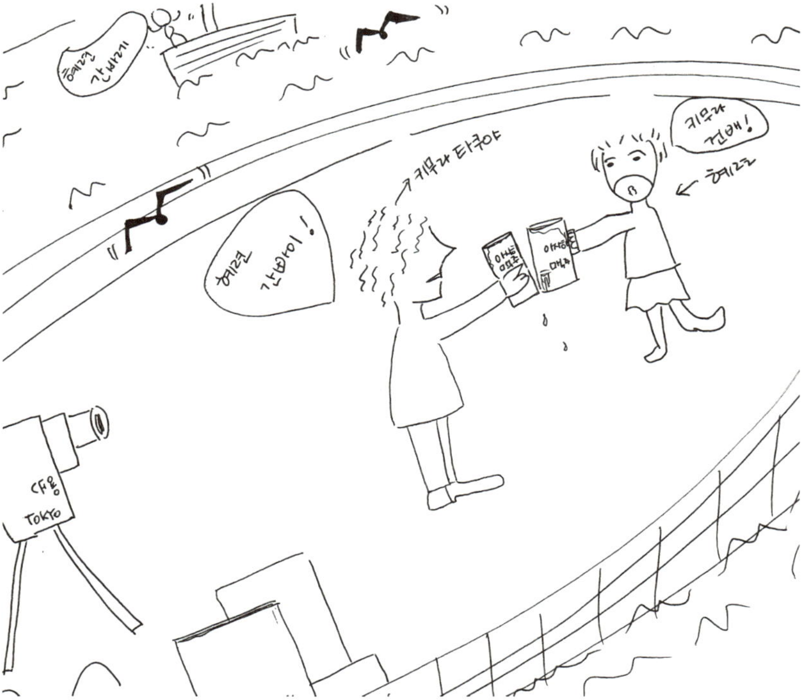

FUTURE DIARY

인사하는 게 아닌가.
알고 보니 내가 나온다는 얘기를 듣고 스마프 멤버 초난강에게 한국말
몇 마디를 배웠다고 한다. 완전 감동~!
후문에는 최지우 씨가 「스마스마」에 나왔을 때도 한국말은 공부하지
않았다던데……. 그도 내가 좋은가? ☺
오늘 찍은 CF는 아사히 맥주 광고이다.
내가 얼마 전에 일본 요리 프로그램에서 요리와 함께 생맥주를 맛있게
마시는 걸 보고 텔레비전을 보고 있던 아사히 맥주 광고주가 자기도
모르게 먹고 싶은 충동이 들었단다.
그 다음날 바로 내가 모델로 캐스팅되었다.
사실 말이 나왔으니 말이지 내가 먹는 건 정말 맛있게 먹는다. ☺
일본에서는 맥주 광고 하면 정말 최고의 배우들만 찍는 걸로
유명하다. 그런데 외국인인 내가 그것도 키무라 타쿠야 같은
유명 배우와 찍다니……!
7시간에 걸친 긴 촬영이었지만 너무도 친절한 키무라 타쿠야 덕분에
힘든 줄도 모르고 신나게 촬영했다. 마치 20대로 돌아가 데이트를
하는 기분으로~!

조혜련의 미래일기 2013년 06월 03일

일본 매니저에 의하면 오늘 내가 광고로 받은 개런티가 지금까지
아사히 맥주 모델 중에서 세 번째로 높다고 한다.
이것으로 일본에서 내가 촬영한 CF는 총 여섯 편이 되었다.
오늘 맥주 광고도 매우 영광이지만 가장 기뻤던 건 두 달 전에 찍은
시세이도 화장품 광고였다. 처음 화장품 광고가 들어왔다는 이야기를
들었을 때 난 내 귀가 잘못된 줄 알았다. 그런데 얼굴이 예뻐서가
아니라 이 화장품을 바르면 조혜련처럼 자신감이 생긴다는 그런
광고란다. 아무렴 어떤가. 너무 좋지 않은가. 내가 바른 화장품으로
많은 사람들이 활기를 되찾는다면 그보다 기쁜 일이 어디 있겠는가!
아무튼 이번 광고까지 내가 일본에서 광고로 벌어들인 외화는 4억 엔.
그러니까 우리나라 돈으로 50억 원 정도가 된다.

PRESENT

즐거운 상상은
우리를 춤추게 한다

현재의 나

    CF를 찍은 게 언제인지 아득하다. 아마도 거의 10년 전에 유오성 씨와 찍은 018 휴대전화 광고가 마지막이었던 것 같다. 당시는 신인이라 개런티도 낮았다.

    나도 가끔은 CF에 나오는 연기자들을 보며 부럽다는 생각을 하곤 한다. '나도 잘할 수 있는데, 스캔들도 하나 없는데, 왜 날 안 쓰는 거지?' 하며 속상해 한 적도 많았다. 물론 내색은 안 했지만 말이다.

    CF에 대한 이런 한(?)을 나는 잠 자면서 꿈을 꿀 때 푼다. 꿈에서 나는 항상 장동건 씨나 키무라 타쿠야처럼 내가 좋아하는 배우들과 CF를 찍는다. 공주같이 예쁜 모습으로, 최고의 대우를 받으면서 말이다. 웃기려고 이상한 탈 같은 거 안 쓰고 말이다.

    미래일기에 키무라 타쿠야와의 광고 촬영을 쓰게 된 계기는 내가 그의 열렬한 팬이기 때문이다. 보통 광고 촬영을 하면 몇 시간을 같이 있게 되는데, 아, 얼마나 가슴 뛰는 일인가.

그나저나 나 마흔 살 아줌마 맞나? 너무 업 되었다. ☺

얼마 전에 끝난 드라마 「내조의 여왕」에서 윤태봉 역으로 나온 윤상현 씨가 키무라 타쿠야랑 닮아서 대리만족으로 그 드라마는 빼놓지 않고 꼭 봤을 정도였으니 말 다 했다.

내가 키무라 타쿠야를 좋아하게 된 계기는 일본어 공부를 위해 제일 처음 본 드라마가 그가 주연으로 나오는 「롱베케이션」이라는 드라마였기 때문이다. 아마 못해도 수십 번은 보았을 거다. 지금도 대사와 표정까지 다 기억난다.

2008년 여름이었을 거다. 아사히 텔레비전 방송국에 녹화를 하러 가서 분장실을 지나갈 때 분장실 문에 키무라 타쿠야라는 이름이 붙어 있는 걸 보고 엄청 가슴이 뛰었던 적이 있다. 물론 얼굴은 보지도 못했고 분장실 문을 열어보지도 못했지만 난 그를 만난 것처럼 설레어 함께 작품이나 광고를 촬영하는 날을 상상해 보기도 했다.

명실상부 일본 최고의 아이돌 그룹 스마프가 장장 17년 동안 진행해 오는 프로그램 「스마스마」에서는 아직 섭외도 오지 않았다. 하지만 얼마 전 그 방송을 나간다는 목표를 세웠기에 나는 설레는 마음으로 상상하고 있다.

내가 그 프로그램에 출연하는 날은 어쩌면 이 미래일기의 날짜와 다를 수도 있겠지만 나간다는 것은 내 마음속으로 정했기에 반드시 나갈 거라 생각한다.

happy diary

진정 하고 싶은 일이 있거나, 진정 되고 싶은 무엇이 있으면
일단 그 결과를 미리 예측하지 말고 꾸준히 목표를 세우고
노력해나가는 것이 중요합니다.
목표를 세우면 그 목표를 내가 따라가는 것 같지만
실은 그 목표가 나를 이끕니다. 처음부터 자신의 능력에 맞는 일을 하려고
하기보다는 하고 싶은 일을 꾸준히 해나갈 수 있는 능력을
형성하는 것이 더 중요합니다. 능력이란, 가만히 있는데
미리 주어지는 것이 아니라 열심히 일하고 노력하는 과정 속에서
형성되는 것입니다.
"처음부터 잘하는 사람이 어디 있습니까. 좀더 두고 봅시다."
신입사원을 두고 이런 이야기를 하는 분이 있다면,
그분은 배움의 과정 속에서
능력이 길러진다는 사실을 잘 알고 있는 분입니다."
-정호승 산문집 『내 인생에 힘이 되어준 한마디』 중에서.

목표를 가질 때 비로소 우리 안에 '잠든 거인'이 깨어난다는 것을
어떤 현실 앞에서도 잊지 말아야겠다!

YEAR 2016
MONTH DECEMBER
DAY 05

오프라윈프리쇼에
출연하다

FUTURE DIARY

오늘 출연은 두 가지의 의미가 있었다. 첫 번째는 1986년에 시작해 오늘로
30주년이 되는 오프라쇼에 함께하게 된 것이고, 두 번째는 내가 출연함으로써
한국인으로서는 네 번째 출연이 된다는 것이다.
오늘이 있기까지 난 꿈에서도 몇 번의 리허설을 했다.

FUTURE DIARY

LA에 있는 한 스튜디오 분장실.
'똑똑' 하고 누군가 내 분장실 문을 두드렸다. 매니저가 문을
열자마자 우렁차고 익숙한 음성이 들려왔다.
"웰컴, 리언조~!"
오마이갓! 몰라보게 날씬해진 오프라 윈프리가 나를 덥석 끌어안아
주는 게 아닌가. 그러곤 이곳 LA에서 가장 맛있는 커피라며 아직
따끈따끈한 커피를 내게 건넸다.
세상에, 방송 들어가기 전에 대선배인 오프라가 먼저 인사를 하기
위해 직접 내 분장실까지 찾아와 준 거였다. 나는 그녀가 너무도
고맙고 놀랍고 기뻐서 지금 내가 출연하고 있는 미국 시트콤
「포유」에서 유행이 된 '엉덩이 때려 입벌려 춤'으로 마음을 표현했다.
오프라가 웃으며 자지러졌다.
아차! 부랴부랴 한국에서 가져온 트렁크를 열어 호박고구마를
꺼냈다. 오프라가 다이어트에 대해 고민한다는 보아의 귀띔이
있었다. 다이어트 하면 또 호박고구마 아닌가~!
소박한 선물에도 아이처럼 좋아하는 오프라가 이게 한국말로 뭐냐고
묻길래 "호박고구마"라고 하자 "호박고구마 너무 좋아요~!"라며

조혜련의 미래일기 **2016년 12월 05일**

한바탕 춤을 췄다.
누군가에게 마음을 베푸는 것만큼 보람된 것도 없다는 걸 새삼 또
느꼈다. 늘 그렇듯 기분이 좋아지는 건 오히려 이쪽이다.
오프라가 세계 최고의 진행자가 된 데에는 그녀 특유의 마음 씀씀이와
따뜻한 배려가 큰 몫을 했을 거다. 그 오프라가 진행하는 쇼에 오늘
내가 드디어 출연을 했다.
오늘 출연은 두 가지의 의미가 있었다. 첫 번째는 1986년에 시작해
오늘로 30주년이 되는 오프라쇼에 함께하게 된 것이고, 두 번째는
내가 출연함으로써 한국인으로서는 네 번째 출연이 된다는 것이다.
비, 보아, 김윤진 그리고 나. 미국에서 서로 응원하면서 우정이
돈독해진 비랑 보아에게서 아침부터 축하 전화도 왔었다.
참 신기하게도 2008년 12월 5일, 그러니까 8년 전에 어느 기자와의
인터뷰에서 농담 삼아 오프라윈프리쇼에 나갈 거라고 얘기했던 것이
내가 미국에 진출하고 오늘 같은 기쁨을 맛본 계기가 되었다.
미국이라는 세계 시장의 중심에 진출하는 것도 결코 쉬운 일이
아니었는데 이렇게 세계적인 토크쇼에 출연하다니, 꿈인가 생시인가
하는 말은 이럴 때 쓰라고 있는 말이다.

FUTURE DIARY

오늘이 있기까지 난 꿈에서도 몇 번의 리허설을 했다.
드디어 무대에 조명이 켜지고 진행자 오프라가 한 손에 호박고구마를
들고서 나를 소개했다.
"한국의 오프라윈프리 리언조를 소개합니다~!"
객석에서 기립박수를 치며 내 이름을 외쳤다. 내가 출연 중인 시트콤
「포유」는 현재 미국 내 최고의 시청률을 자랑하는 인기 프로그램이다.
한국에도 판권이 수출됐다고 하니 조만간 국내에서도 만나볼 수 있을
것이다.
그리고 두 달 전 시트콤에서 내가 한국에서 패러디했던 골룸을 재연한
게 이슈가 되어 주요 일간지에까지 보도되는 영광을 누렸다.
오늘의 토크 테마는 '코리안 파워'. 미국에서 애니메이션, 영화,
음반에 이어 이젠 드라마까지 장악한 한국인의 저력과 도전에 대해
심층 분석하는 시간이었다.
오프라가 나에게 그 파워는 어디에서 나오느냐고 묻길래, 난 김치에서
나온다고 이야기했다.
어렸을 때부터 먹을 것이 없어서 김치찌개, 김치전, 김치부침개를
먹으며 자란 덕에 그 매운맛이 그대로 살아있는 것 같다고 하자

조혜련의 미래일기　2016년 12월 05일

오프라도 김치 사랑을 고백했다.
"와우, 역시 김치!!! 한국의 김치는 이미 세계인의 건강식품입니다!"
방송 중간에 내 아버지 이야기를 했을 땐 오프라도 눈물을 훔치며 진심으로 귀를 기울여 주었다.
방송을 마치고 나오며 나는 다시 멋진 상상을 하면서 차를 탔다.
'나도 언젠간 미국에서 오프라처럼 전 세계를 아우르는 최고의 진행자가 되겠다. 김치의 파워로 고고씽~!'

PRESENT

내일을 꿈꾸는 데
과거야 어떻든

현재의 나

얼마 전 케이블 채널 온스타일에서 방송됐던 「수퍼맘」이라는 프로그램 홍보차 프레스센터에서 기자회견을 가졌었다.

기자가 "조혜련 씨의 10년 뒤 목표는 무엇인가요?"라고 묻길래 나는 "일본에 이어서 미국도 가 볼 생각이에요. 그래서 2016년 오프라윈프리쇼 30주년이 될 때는 저도 게스트로 출연하고 싶어요."라고 또박또박 이야기했었다.

사실 그 기자회견을 할 때 한참 오프라윈프리쇼에 출연하는 미래일기를 쓰고 있던 터라 마치 정해진 스케줄인 양 정확하게 이야기할 수 있었다.

지금 이 글을 쓰고 있는 나는 이제 갓 영어공부를 시작한 단계이다. 이 책과 관련한 작업이 끝나는 대로 나는 일본어에 처음 도전했던 그때처럼 무식하게 영어라는 우물을 열심히 팔 거다.

1차 목표는 2011년까지 영어로 듣고 쓰고 읽고 말하는 데 무리가 없는 수준까지 도달하는 거다. 적어도 7년 후의 오프라윈프리쇼 스케줄에 맞추려면 그렇게 해야 한다.

아주 타이트하다, 내 인생.

나는 뭔가 목표를 정하고 나면 지체 없이 달려간다. 스스로 정한 구체적인 목표는 내 삶의 중요한 마디마디를 만드는 최고의 추진력인 셈이다. 여러분도 뭔가에 도전할 때는 명확하고 아주아주 구체적인 목표를 세웠으면 한다. 명확한 과녁도 없이 쏜 화살이 명중할 리가 없지 않은가.

내 경우를 보더라도 일본어 마스터는 일본 진출이라는 명확한 목표가 있었기에 가능했다. 구체적이고 간절한 목표도 없이 외국어에 도전하여 중간에 포기해 버리는 사람들을 여럿 보았다.

솔직히 아직까지 미국에서 나를 오라고 한 사람은 아무도 없다. 프로덕션도 정해지지 않았다. 그냥 마음 가는대로 무엇을 할 것인지와 그 기간을 뚜렷한 목표로 혼자 정해 두었을 따름이다.

그러면 반드시 누군가가 응원을 해 줄 것이고, 앞으로 내가 미국으로 진출하는 데 있어서 도와주는 손길들이 속속 나타날 거라고 믿는다. 그런 사람 중에 한 명을 오프라로 꼽아 본다. 그리고 매일 오프라를 만나는 상상을 한다. 아주 구체적으로.

그런데 왜 유독 오프라 윈프리냐고?

나는 그녀를 존경한다. 그녀는 예쁘지도 날씬하지도 않고 아름다운 금발을 가진 백인도 아니다. 한마디로 철저하게 비주류였던 데다 아무런 자산도 없던 그녀가 지금은 전 세계 10대 재벌 안에 드는 최고의 사업가, 최고의 방송인이 되었다.

흑인이고 못생겨서 아나운서 시험에서도 몇 번이나 떨어졌고, 중학교 시절에는 어린 나이에 친척에게 성폭행을 당한 충격으로 힘든 시간을 보내야 했다. 말 그대로 삶이 얼마나 기구했는지 한때는 너무 힘들어 마약에 손을 대기도 했다.

그랬던 그녀가 지금 그 모든 어려움을 딛고 미국에서 아니 세계에서 가장 영향력 있는 10인의 한 명이 되어 신뢰와 존경을 한 몸에 받고 있다.

그녀가 많은 사람들에게 인정받는 가장 큰 이유는 바로 한 사람을 소중히 여기는 마음이다. 그 마음은 누구를 가리지 않는다. 두 개의 에피소드에서 그런 그녀를 느낄 수 있다.

어느 날 자신이 진행하던 쇼에서 오프라는 방청객 50명에게 이렇게 이야기했다.

"오늘 오신 분들 가운데 특별히 몇 분께 행운을 나눠드릴 거예요. 그 행운은 바로 선물로 준비된 12대의 자동차입니다~!"

이렇게 이야기하고 실제로 50명 중에 12명을 뽑아서 그 자리에서 바로 자동차 키를 선물했다. 여기까지라면 어쩌면 다른 프로그램에서도 볼 수 있는 헤프닝일지 모른다. 그러나 오프라는 여기서 끝나지 않았다.

"남아 있는 38분 중 딱 한 분을 더 추첨하여 자동차를 드리겠습니다. 행운은 여러분 곁에 항상 있으니까요."

남은 38명에게 똑같은 크기의 상자가 배달되었다. 과연 누가 마지막 행운의 주인공이 될지 긴장된 가운데 하나둘셋을 외치고 모든 사람들에게 동시에 상자를 열어 보라고 했다.

그러곤 엄청난 일이 일어났다.

상자 38개 안에 모두 자동차 키가 들어 있었던 것이다. 스튜디오는 기쁨의 탄성으로 아수라장이 되었다. 그때 오프라는 이렇게 이야기했다.

"여러분 모두 한 사람도 빠짐없이 주인공입니다!"

누구도 예외 없이 행운과 희망의 주인공이 될 수 있음을 강조하고자 했던 정말 대단한 여성이다.

그녀의 커다란 장점 중 또 하나는 바로 당당함이다.

그녀가 처음 토크쇼를 맡게 됐다고 언론에 보도되었을 때 기자들은 질투의 혹평을 쏟아내었다.

'마약중독자, 성폭행 피해자, 불우한 여자. 과연 그녀는 토크쇼를 맡을 자격이 있는가?' 라고.

그때 오프라는 자진해서 기자회견을 열었다. 그 자리에서 한 기자가 그녀에게 혹독한 질문을 던졌다.

"당신은 마약중독자이고 섹스중독자에 문란한 사생활 스캔들의 주인공이었습니다. 사실이죠?"

이런 이야기를 들으면 누구나 평상심을 유지하기 어려울 것이다.

일단 그 자리를 피하고 볼지도 모른다. 그러나 오프라는 너무도 침착하게 이렇게 이야기했다.

"그래서요? 그건 과거일 뿐이에요. 내가 언제까지 과거에 연연해서 살 거라고 생각하세요? 난 멋진 미래를 살 권리가 있습니다."

그날의 기자회견 이후 오프라의 당당함에 대중은 그녀를 더 신뢰하게 되었고, 어느덧 오프라윈프리쇼는 곧 30주년을 맞게 된다. 지금까지 그녀가 보여준 도전, 희망, 사랑, 감사, 배려의 메시지는 사람들의 가슴을 적시기에 충분했다. 많은 사람들에게 베풀기 때문에 더더욱 신은 그녀의 손을 들어주는 게 아닌가 싶다.

사실 나는 세련되지 못한 언행으로 가끔 사람들로부터 오해를 사거나 질타를 받는 일이 있다. 더욱더 조심해야겠지만, 어쨌든 '진심은 마법의 힘을 갖고 있다'는 말을 나는 믿는다. 그리고 진심과 진심이 연대하여 만들어내는 희망과 행복을 날마다 꿈꾼다.

happy diary

올 초 「한국일보」에 행복을 주제로 한 기획기사가 실린 적이 있다.
그때 메모해 둔 인상 깊은 구절을 소개한다.

"우리의 뇌는 공동체 생활에 보탬이 되는 일을 해야
깊은 행복을 느낄 수 있도록 진화돼 왔다. 다른 사람을 더 배려하고
사랑하는 일은 그래서 이타적이면서도 동시에 지극히 이기적인 일이다.
다른 사람을 위하는 길이 곧 나를 위하는 길이다. 이것은 도덕이나
철학적인 이야기가 아니다. 21세기의 뇌과학이 발견한 과학적 사실이다.
다른 사람에게 나의 행복을 나눠줄 때, 다른 사람도 행복해지지만
나도 행복해진다. 행복은 절대 제로섬 게임이 아니다.
사람들은 나를 행복하게 해주는 사람을 진심으로 따르게 마련이다.
행복을 나눠주는 사람이 곧 이 사회의 진정한 리더다.
참된 리더십은 행복을 나눠줄 수 있는 능력이다."

YEAR 2018
MONTH SEPTEMBER
DAY 02

영어마을이 아닌
농촌마을

FUTURE DIARY

불과 몇 년 전만 해도 많은 사람들이 의사, 변호사 등을 선망했는데,
어제 신문을 보니 젊은이들이 가장 선호하는 직업 5위에 농부가 랭크되었다.
꿈꾸던 격세지감이 아닐 수 없다.

조혜련의 미래일기 **2018년 09월 02일**

인구밀도와 지역 격차로 인해 서울이 점점 좁아지고 콘크리트
바닥으로 바뀌어 가면서 아이들이 뛰어놀 수 있는 공간도 점차
사라지고 있다. 게다가 천식과 아토피 등의 여러 질병이 너무
심해져서 더 이상 방치할 수만은 없다는 게 정부의 의견이다.
이에 따라 '영어' 보다는 '자연' 을 배우자는 운동이 점차 전국적으로
확산되고 있다. 그 일환으로 경기도 파주와 분당 시의 영어마을
자리가 농촌마을로 바뀌었다. ☺
일차적으로 서울에 있는 아이들은 일주일에 한 번 이상 농촌마을에서
농촌체험학습을 해야만 한다.
여름방학이나 겨울방학에 아이들이 해외로 어학연수를 가지 않고
이곳에 와서 수업일수를 채우는 경우도 많다.
봄에는 모내기를 하고 여름에는 원두막에서 수박을 따서 먹고
가을에는 추수를 하고 겨울엔 추운 날씨를 감안하여 비닐하우스에서
직접 호미를 들고 밭을 갈고 씨를 뿌리고 물을 주고 밤엔 얼지 말라고
거적을 덮어 주기도 한다.
다른 공부를 할 때와는 달리 너무도 해맑은 모습으로 뛰어노는
아이들을 보고 있으면 덩달아 어른들도 행복해진다.

FUTURE DIARY

불과 몇 년 전만 해도 많은 사람들이 의사, 변호사 등을 선망했는데,
어제 신문을 보니 젊은이들이 가장 선호하는 직업 5위에 농부가
랭크되었다. 꿈꾸던 격세지감이 아닐 수 없다.
갈수록 농지가 줄어들고 농사짓겠다는 젊은이들이 없어서 고민이던
때가 있었는데, 정말 농업은 어떤 경우에도 반드시 지켜내야 할
마지노선 같은 거란 생각이 든다.
고등학생들은 몸에 좋고 맛도 좋은 과일을 만들기 위해 오늘도 연구에
여념이 없다. 아~ 우리나라의 미래는 얼마나 밝은가~! ☺
가장 열심인 고등학생 김기석 군은 몸에 해로운 농약을 뿌리지 않고도
병충해를 막을 수 있는 방법을 연구해서 얼마 전 대통령표창까지
받았다.
우리나라에서 노벨상이 나오는 것도 시간문제다.

조혜련의 미래일기 2018년 09월 02일

PRESENT

나무와 흙은
답을 알고 있다

현재의 나

　자연에서 태어나 죽을 때까지 자연의 혜택을 받으며 신세를 지는 우리가 어느샌가 그 고마운 자연을 배신하고 가볍게 여긴다는 생각이 들어 안타깝다.

　가끔 차 안에서 숨이 꽉 막힐 때가 있다. 올림픽대로에서 몇십 분을 기다려도 꼼짝을 않고 꽉 막혀 있는 차들, 답답한 마음에 시선을 돌리면 더덕더덕 붙어 있는 고층아파트의 행렬, 매연과 먼지…….

　녹색이라고는 찾아볼 수 없는 이 황량한 도시에서 도망치고 싶다는 생각을 해본 적도 많다. 그럴 때마다 눈을 감고 나의 어린 시절 농사짓던 때를 떠올려 본다.

　내가 살던 시골 마을은 경기도 산본이었다. 지금은 산본도 신도시로 개발이 되어 아파트촌이 되었지만 예전엔 온통 나무이고 밭이고 논이었다. 봄만 되면 소똥 냄새가 진동을 했었다. 그 소똥은 옆집 미자 언니네가 준 거름이었다. 소똥을 얼마나 소중히 했는지…….

봄이 되면 모두가 바쁘고 활기가 돌았다.

미자 언니네가 씨를 뿌리면 우리 가족 모두가 가서 물을 주었고, 우리집이 땅을 일구면 미자 언니 아버진 아끼는 소 두 마리를 기꺼이 빌려 주셨었다.

정겨운 워낭소리…….

그것이 품앗이라는 따뜻한 문화였음을 학교 가서야 배웠다. 지금은 다 사라져 버렸지만 말이다.

농사를 짓다가 점심시간이 되면 엄마가 광주리를 이고 오셨다. '우리가 토끼?' 라는 생각이 들 정도로 그야말로 풀때기로만 만든 음식을 제법 푸짐하게 내놓으셨다.

직접 추수한 쌀로 지은 고슬고슬한 밥에 직접 가꾼 시금치, 부추, 깻잎과 고추 등을 된장에 푹푹 찍어서 모두 함께 오순도순 이야기를 나누며 먹었다. 그때의 그 꿀맛을 지금 이 책이 아니라 TV였다면 표정으로라도 실감나게 재현했을 텐데 아쉽다.

엄마는 밭에서 싱싱한 오이랑 매운 고추를 뚝 따서 몸뻬 바지에 슥슥 닦아 고추장에 척 찍어서 내 입에도 한입, 언니 입에도 한입 넣어 주셨다. 그 맛, 아직도 못 잊는다. 아휴, 침 고이네. ☺

후식으로는 토마토를 바로 따서 먹기도 했다. 나는 특히 우리집 가지가 그렇게 맛있었다. 가지를 두 개 정도 먹고 나면 입 주위가 보라색으로 변해서 가끔 "너 춥냐? 입술이 그렇게 퍼래갖고 어쩐다냐."라고 오해를 받을 정도였다.

나는 우리 아이들에게도 이런 추억을 선물하고 싶다. 다른 어떤 공부보다도 자연을 느끼고 자연에 감사하는 마음을 갖는 것이 중요하다는 것을 느끼게 해 주고 싶다. 사람이 자연과 멀어지면서 더 공격적으로 변해 갔다는 얘기를 들은 적이 있다. 일리가 있다고 생각한다.

이제는 다시 자연으로 돌아가서 흙의 냄새를 맡고 깨끗한 공기를 마시며 살고 싶다. 왜 나이가 들면 다 시골로 시골로 내려가는지 이제야 알겠다.

happy diary

영화 「귀여운 여인」을 보면 줄리아 로버츠가
도심 속 잔디밭을 맨발로 폴짝폴짝 걸으면서
리처드 기어에게 자기처럼 걸어 보라고 하는 장면이 나온다.
그 모습이 참 행복해 보였다.
나도 치유의 에너지가 가득한 자연 속으로 들어가는 일을
게을리 하지 말아야겠다.
그리고 그곳을 가능한 한 맨발로 걸어 보아야지.
꼭 연인과 함께가 아니어도
뭐 그리 크게 서운하진 않을 것 같다~!

YEAR 2020
MONTH MAY
DAY 19

한글이
세계에서 통하다

FUTURE DIARY

한글을 배우는 외국친구에게 들었는데,
한글이 얼마나 과학적인지 우리말처럼 쓰기 쉽고 표현력 풍부한 언어는
어디에도 없을 거라며 입이 마르도록 칭찬을 했다.

조혜련의 미래일기 **2020년 05월 19일**

여기는 이탈리아 로마의 스페인광장. 세미나가 있어 5박6일 일정으로 로마에 온 나는 잠깐 짬을 내어 주변 관광을 하고 있었다.
아직 이탈리아 말은 못하는 관계로 지나가는 외국인을 붙잡고 영어로 길을 물었는데 나는 그만 상대방의 반응에 깜짝 놀라고 말았다.
"혹시 한국사람? 나도 한국말 알아요. 공부했어요."
내가 어떻게 그렇게 한국어를 유창하게 하느냐고 묻자, 그는 한국말을 배우면 취업에도 유리하고 월급도 더 많이 받을 수 있기 때문에 요즘 매일 4시간씩 공부를 하고 있다고 자랑했다. 물론 한국말로 말이다.
하기야 이탈리아뿐만 아니라 세계 어디를 가든 이젠 영어 다음으로 한국말이다.
한글을 배우는 외국친구에게 들었는데, 한글이 얼마나 과학적인지 우리말처럼 쓰기 쉽고 표현력 풍부한 언어는 어디에도 없을 거라며 입이 마르도록 칭찬을 했다.
이젠 일본 사람들 대부분이 기본적으로 한글을 읽고 쓸 줄 알고, 세계 관광지 어디를 가도 한글 표지판과 한국말을 할 줄 아는 사람들을 만날 수 있다.
옛날에 그 어려운 영어 배우느라고 애어른 할 것 없이 스트레스 받던

FUTURE DIARY

것을 떠올려보면 얼마나 행복한 일인가. 게다가 사교육비 절감에도
톡톡히 한몫을 하고 있으니 참 다행이다.
영향력 있는 한 저널리스트는 한글이 세계공용어가 될 수도 있다며,
이유를 칼럼에 조목조목 잘도 썼지 아마.
하긴 이젠 한국 돈을 달러나 유로나 엔으로 바꾸지 않아도 웬만한
나라에서는 통용이 되니 세상 얼마나 좋아졌는가.
국내 자동차 브랜드가 포드, 도요타를 이기고, IT 및 친환경 산업 등에
있어서도 이제 우리가 일본과는 비교도 안 될 정도로 발전한 것이다.
한국이라는 나라의 파워에 세계가 놀라고 있다!

PRESENT

한글이 있어서 행복해요

현재의 나

내가 가장 존경하는 인물 중에 한 분이 바로 세종대왕이다.

세계에서 가장 독창적인 문자라는 명성이 무색하지 않을 우리 한글인데 정작 우리는 한글에 대한 자부심이 별로 없는 것 같다.

너무 단순한 상상이지만, 한문 문화권에 있는 우리나라에서 세종대왕이 한글을 만들지 않았다면 지금 우리의 삶은 어떤 모습일까? 도중에 만들기가 귀찮아져서 '에라 모르겠다' 하고 포기하셨다면 어땠을까? 아우, 상상만 해도 끔찍하다.

한글은 지구상의 모든 소리를 다 표현해낼 수 있다고 해도 과언이 아닐 만큼 과학적이고 정교하다. 그걸 한국에서만 생활할 때는 몰랐는데, 일본에서 살아보니까 알겠더라.

가령, 우리나라 한글 발음은 영어 발음을 거의 흡사하게 구현할 수 있다. 우리가 맥도널드, 햄버거, 헤드폰이라고 부르는 단어들을 그대로 일본어 발음으로 옮겨 보면 막쿠도나루도, 함바아가, 헷도혼식이 된다. 일본어는 모음이 몇 개 없기 때문에 아무래도 외국어를 표현하는 데는 역부족이다.

그리고 일본어를 공부한 입장에서 현저한 차이를 느끼는 게 우리나라 말에는 너무너무 풍부한 형용사와 의태어, 의성어들이 있다는 거다. 허여멀건하다, 까마수리하다 등의 표현은 뭐라고 통역하기도 참 애매하다. 그러고 보면 감정과 생각을 표현하는 능력이 우리는 그 어느 나라 사람들보다도 풍부한 것 같다. 이런 풍부한 감정으로 가슴 뛰는 상상을 한다면 뭐든 이뤄낼 수 있을 것이다. ☺

며칠 전에는 이런 서프라이즈 뉴스도 봤다. 인도네시아 부톤섬의 바우바우 시라는 곳에서 최근 그 지역 토착어인 찌아찌아어를 표기할 공식문자로 한글을 도입했다고 한다.

그런데 지금은 이런 한글이 영어에 밀려 천대를 받고 있다. 어린아이들은 한글을 채 배우기도 전에 영어 학원부터 다니고 영어 테이프를 들어 가며 공부를 한다.

물론 국제사회에서 영어를 배워야 하는 것은 인정하지만 모국어를 뒤로 한 채 지나치게 영어 교육 중심으로 흐르는 것은 너무 안타깝다. 영어는 잘하는 학생이 국어에 약해서 시험문제의 긴 지문을 제대로 이해하지 못한다는 슬프고도 어이 없는 뉴스를 본 적이 있다.

그래서 나는 미래일기에 쓴다. 전 세계 사람들이 한글에 매료되어서 한글을 배우는 거다. 한국 드라마를 보고 한국 노래를 듣고 한국 영화를 보고 나는 한국말로 개그를 하고……

happy diary

보통 사람은 단 한 분야에서도 이렇다 할 업적을 남기기 힘든데
시, 비평, 언론, 미술, 무대연출, 정치, 교육, 과학 등
8개 분야에서 천재적인 업적을 남긴 괴테는 이렇게 말한 바 있다.
"꿈꿀 수 있는 것은 무엇이든 이룰 수 있다."
- 『꿈꾸는 다락방』 중에서.

꿈을 이룰 수 있는 조건과 능력이 없다고 한탄할 것이 아니라,
꿈꾸지 못하는 빈약한 상상력과 스스로 한계를 그어 버리는
나약한 마음을 걱정해야 하는 게 아닐까……!

YEAR 2016
MONTH JUNE
DAY 04

세계적인 토크쇼의 안주인

FUTURE DIARY

「월드피플쇼」는 스타들의 출연으로 유명하지만, 그 모든 이름표와 포장을 걷어내고 한 사람의 인간으로서 진솔한 모습을 이야기하는 것으로 더욱 유명하다.

조혜련의 미래일기 **2016년 06월 04일**

오늘 「월드피플쇼」에 나온 사람은 추성훈 선수!
일본 사람도 한국 사람도 아닌 안타까운 사연의 주인공이자
이종격투기 선수와 대비되는 로맨틱한 이미지로 지금까지도 많은
사랑을 받고 있는 그가 내 토크쇼에 게스트로 나와 주었다.
최근 일본에서 연승 행진으로 다시 한 번 최고의 인기를 누리고 있는
추 선수는 작년의 힘들었던 슬럼프 얘기부터 꺼내며 그간의 도전과
소소한 일상을 허심탄회하게 이야기했다.
몇 년 전 우연히 일본의 한 커피숍에서 인사를 나눈 뒤 다시 이렇게
성공을 해서 만나게 된 걸 보면 인연은 인연이다.
추 선수에게 너무 고마운 것이, 엄청나게 바쁜 스케줄에도 불구하고
내가 토크쇼를 하게 되었다고 하니까 한국인의 또 한 번의 세계
진출을 축하하고 싶다며, 그리고 옛날 커피숍에서 우리가 만났던 것을
떠올리며 기꺼이 나와 주겠다고 한 것이다.
방송이 시작되고 나는 자연스럽게 추성훈 씨에게 물어봤다.
"혹시 저를 기억하세요?"
"그럼요. 기억해요. 근데 처음 록폰기에서 만났을 땐 사실 제 격투기
후배인가 하고 착각했어요. 하하하."

FUTURE DIARY

"사람 잘 보셨네~! 안 그래도 50 되기 전에 한 번 도전해 보려구요.
가끔 격투기를 하고 싶은 충동에 사로잡힐 때가 있거든요. 하하하."
인간적인 추성훈 씨의 모습에 나는 긴장을 풀고 끝까지 즐겁고
훈훈하게 방송을 진행할 수 있었다.
 '꿈은 이루어진다' 는 내 신념대로 이 「월드피플쇼」의 안주인이 된 건
그야말로 꿈만 같은 사건이었다.
세계 최초로 아시아 전 지역과 미국에 동시 방송되는 이 쇼의
영향력은 대단하다. 나는 한국말로 진행을 하고 기본적으로 영어
자막이 나간다. 국가에 따라 일어, 중국어로 번역된 자막을
내보내기도 한다. 더빙은 내 목소리의 느낌을 살리기 위해 하지
않기로 했다.
「월드피플쇼」는 당대 최고 스타들의 출연으로 유명하지만, 그 모든
이름표와 포장을 걷어내고 한 사람의 인간으로서 진솔한 모습을
이야기하는 것으로 더욱 유명하다. 그러기 위해 우리 스탭들은
그야말로 불철주야 몸을 아끼지 않고 자료를 찾고 섭외를 하느라 전
세계를 누빈다.
아무래도 팔이 안으로 굽는다고, 우리의 세계적인 가수 비와 보아,

조혜련의 미래일기 **2016년 06월 04일**

빅뱅이 나왔을 땐 그들의 매력을 더욱 널리 알리기 위해 어떤 방송보다도 더 많은 준비를 했다. 또 내가 일본에서 활동했던 경험 덕분에 일본에서 정말 유명한 스마프, 아라시, 고부쿠로 등도 벌써 나의 쇼를 다녀가고 빛내 주었다. 다음주엔 세계적인 코믹 배우 짐 캐리가 나올 예정이다.
「월드피플쇼」는 생방송으로 진행되기 때문에 아슬아슬했던 에피소드도 많다. 얼마 전 영화배우 주진모 씨가 출연했을 땐 지금껏 알려지지 않았던 아버지에 얽힌 이야기를 꺼내며 감정에 북받쳐 말을 잇지 못한 순간이 있었다. 어쩔 수 없이 3분 동안 내가 노래를 부르면서 공백을 메웠다. 경험이 더해질수록 임기응변과 상황 대처 능력도 생기고, 무엇보다 타인의 삶에 대해 공감력 높은 내가 되고 있어 기쁘다.

PRESENT

사람과 사람 사이에 다리가 되어

현재의 나

추성훈 씨가 한국에서 많이 알려지게 된 계기는 「무릎팍도사」라는 토크 프로그램에 나왔을 때다. 아키야마와 추성훈이라는 두 이름으로 살아온 인생 이야기가 감동적이었다. 많은 사람들이 안타까운 마음을 갖기도 했고, 순수하게 그에게 응원을 보냈었다.

그때 부른 박상민의 노래 '나 하나의 사랑'도 커다란 화제가 되어 추성훈 버전으로 나도 노래방에서 불렀던 기억이 난다.

일본을 오고가며 힘든 생활을 보내고 있던 나는 그의 이야기에 왠지 공감이 되어 마음으로 응원을 보내고 있었다. 그러다 올해 2월의 어느 날 록폰기의 스타벅스에서 일본 매니저를 기다리고 있는데 내 앞으로 추성훈 씨가 지나갔다.

짧은 머리에 다부진 표정으로 문을 열고 들어오는 그를 보자마자 나는 대번에 알아보고 인사를 건넸다. 하지만 그는 일본에서는 아직 신인인 나를 잘 몰라보는 눈치였다.

내 소개를 간단하게 하자 그는 악수를 권하며 이렇게 말했다.
"우리 같이 힘내요." ☺

나는 다양한 형태의 방송 프로그램 경험을 더 쌓고 인생경험도 더욱 풍부하게 하여 앞으로 전 세계를 아우르는 토크쇼를 해 보고 싶다. 아주 아주 인간적인 토크쇼를 말이다.

왜 우리도 가끔 할리우드 영화를 보면 사람들이 왜 웃는지 모르겠고 일본 드라마를 보면 '저게 왜 재미있지?' 하는 생각을 할 때가 있지 않나? 나는 지금도 가끔 혼자 썰렁할 때가 있는데……. 그런데 그건 창피한 것이 아니라고 생각한다. 엄연히 문화적인 차이가 존재하니까 말이다.

그래서 일본에서 내가 배운 그들의 문화와 습관들, 또 향후 미국 진출을 통해 익힐 그들의 문화를 모두 보듬어서 모든 사람들이 함께 웃을 수 있는 토크쇼를 하고 싶다. 그런 토크쇼로 세계의 사람들이 함께 즐기고 공감할 수 있는 어떤 연결고리가 되고 싶다.

나는 믿는다. 백남준 씨가 현대적인 비디오 아트와 우리의 정서를 합쳐서 세계적인 아티스트가 되었고, 김덕수 사물놀이의 대가가 세계 시장에서 감동을 주었듯이, 예술은 언어와 문화가 달라도 마음과 혼이 깃들어지면 세계 어디를 가도 반드시 통할 거라고. 나 조혜련도 문화와 인종을 초월하는 인간의 진정성을 갖고 더 많은 사람들에게 웃음과 행복을 줄 수 있을 거라고 믿는다.

지금 우리에게 가장 필요한 것은 어쩌면 자기 자신에 대한 믿음이 아닐까. 그동안 각종 고정관념과 편견에 갇혀서 안 보였을 뿐이지, 우리 자신을 진심으로 믿어 준다면 무엇이든 할 수 있고, 스스로를 믿는 한 원하는 어떤 모습으로도 될 수 있다고 나는 정말 그렇게 생각한다.

그러기 위해서 더 많은 사람들과 대화를 해야 하고, 나 자신을 엄격히 체크하는 동시에 격려도 잊지 않으며 명랑하게 도전할 거다.

과정이 쉬울 리 없겠지만, 목표가 정해졌기 때문에 꼭 해낼 것이다. 조혜련, 화이팅!

happy diary

자기 자신에게 스스로 부정적인 암시를 하는 것은
매일 독극물을 조금씩 섭취하는 것과도 같다고 나는 생각한다.
우리의 뇌는 1초에 4천억 개의 정보를 접하게 되고,
그중에 200여 개의 정보를 처리한다고 한다.
이 많은 정보들 중에서 우리가 긍정적인 자기암시를 통해
자신에게 이롭고 정말로 원하는 정보만 수집하게 된다면,
그것이 쌓이고 쌓여서 어마어마한 힘을 발휘하게 될 것이다.
이렇게 보면 자기암시는 일종의 저축 같은 게 아닐까?
일명 '꿈 통장' 이라고나 할까.
꾸준히 자주 할수록 이자도 늘고 신용도 높아질 것이다.
그러면 만기된 날에 꿈 통장에서 그동안 쌓아 온 것들을 꺼내어
현실에서 확인하게 될 것이다~!

YEAR 2017
MONTH AUGUST
DAY 03

안젤리나 졸리와 다이어트를 논하다

FUTURE DIARY

운동이라고 생각하면 지겹고 하기 싫지만 놀이라고 생각하면 시간 가는 줄 모르고 즐기는 것이 당연지사. 고무줄놀이를 재미있게 재구성한 고무줄 다이어트 비디오는 인도, 중국, 일본을 비롯하여 미국 전역까지 퍼져 나갔다.

조혜련의 미래일기 **2017년 08월 03일**

내가 낸 고무줄놀이 다이어트 비디오가 전 세계 30개국에 무려 5천만
장이나 팔려 나갔다. 500원짜리 고무줄 하나만 있으면 하루 30분
투자로 딱 3달 만에 날씬해질 수 있다는 수많은 체험사례들이
쏟아지면서 나는 세계적인 다이어트 전도사가 되었다.
고무줄이 다시 나를 일으킨 것이다.
올 초 다이어트 비디오를 내자는 제의가 왔을 때 난 머리를 싸매고
아이디어를 짜냈다.
'뭐가 좋을까? 이제 태보 다이어트도 한물갔고 참신한 뭔가가 있으면
좋겠는데…….'
그때 불현듯 떠오른 것이 바로 고무줄놀이였다. 가지고 놀 것이 별로
없던 어린 시절에는 학교에서 친구들과 할 수 있는 가장 쉬운 놀이가
고무줄 넘기였다. 한 줄에 30원 하는 검정 고무줄 하나면 한 시간이
금세 지나갔다. 촌년처럼 얼굴이 발개지도록 그렇게 뛰어놀다 보면
엄청나게 운동이 많이 되곤 했던 기억이 문득 떠올랐다.
운동이라고 생각하면 지겹고 하기 싫지만 놀이라고 생각하면 시간
가는 줄 모르고 즐기는 것이 당연지사. 고무줄놀이를 재미있게
재구성한 고무줄 다이어트 비디오는 인도, 중국, 일본을 비롯하여

FUTURE DIARY

미국 전역까지 퍼져 나갔다.
사실 처음에 스탭들 사이에서는 이 고무줄놀이가 미국이나
유럽에서도 먹힐까 하는 걱정과 의심이 있었다.
하지만 나는 반드시 된다고 강하게 주장했고, 예상은 적중했다.
비디오는 불티나게 팔리기 시작했고, 컴퓨터 앞에만 붙어 있던
아이들이 공원으로 뛰어나가 친구들과 고무줄놀이를 하기 시작했다.
가정에선 엄마들이 집안 가구들을 활용해서 고무줄을 설치하고 그
밑에 시트를 깔고서 신나게 뛰어놀며 살을 뺐다.
내 고무줄 다이어트 비디오의 마니아를 자청하고 나선 안젤리나
졸리가 방송에서 고무줄놀이를 한 이후 더욱 큰 화제가 되었다.
난 너무 고마워서 당장 고무줄 50줄과 다이어트 비디오 20개를
그녀의 집으로 보내 주었다.
참! 작년에 토크쇼에 나가 친해진 오프라에게도 물론 비디오를 보내
주었다. 얼마 전에 연락이 왔다. 덕분에 4kg이나 빠졌다고!
안젤리나 졸리에게도 메일로 감사하다는 답이 왔다. 브레드 피트와
아이들과 함께 그 비디오를 보며 즐겁게 뛰어놀고 있다는 메시지가
있었다.

조혜련의 미래일기 **2017**년 **08**월 **03**일

hyelyun's sketch

FUTURE DIARY

그리고 뉴욕에서 제일 유명한 건강 잡지 「헬스우먼파워」에서 안젤리나 졸리와 내가 함께 다이어트를 주제로 만남을 갖는 특집기사를 내 보자는 제의가 왔다. 세상에서 제일 섹시한 안젤리나 졸리와의 만남이라니 꿈만 같다.
뉴욕 노보텔 호텔 스카이라운지에서 취재가 이루어졌다.
실물이 열 배나 더 예쁜 안젤리나 졸리는 도도한 인상과는 달리 매우 상냥한 여자였다. 그리고 세월이 무색하게도 여전히 완벽한 몸매를 뽐내고 있었다. 그녀는 자신이 요즘 고무줄 마니아가 되어서 촬영 없는 중간에 짬짬이 하려고 핸드백 안에도 고무줄을 넣어가지고 다닌다면서 자신의 가방을 열어 보여주었다. 정말 검은 고무줄 세 줄이 그녀의 가방 안에 가지런히 들어 있었다.
다른 고무줄을 써 봤는데 검은 고무줄이 제일 짱짱하고 좋더라는 말도 덧붙였다. 메이드 인 코리아 고무줄이 짱이다.
오늘의 취재가 실린 잡지가 판매되기 시작하면 또 얼마나 엄청난 파장을 불러올지 벌써부터 설렌다. ☺

PRESENT

몸과 마음 모두
트레이닝이 필요해

현재의 나

다이어트 비디오는 나하고 인연이 깊다.

결혼하기 전 1998년 무렵의 나는 키 160cm에 몸무게가 61kg으로 정말이지 외모에는 너무 자신이 없었다.

그러던 어느 날 모델 이소라 씨가 처음 한국에 다이어트 비디오를 내는 걸 보면서 갑자기 '나도 해 보자!'라는 생각이 들었다. 늘 그렇듯이 이후부터는 그냥 밀어붙였다. 다행히 결과는 대박이었다.

이후 다이어트 비디오 시장은 포화상태에 이르렀고, 인기도 많이 시들해져서 이제는 별로 관심을 갖지 않는 것이 지금의 현실이다. 하지만 나는 이 작업을 계속할 것이다. 나를 설레게 하고 에너지가 솟아나게 하니까.

언젠가 한 인터뷰에서 60살이 될 때까지 다이어트 비디오를 계속 낼 것이라는 약속을 한 적이 있다. 너무나 많은 사람들이 다이어트를 고민하고, 또 이것은 나이 성별 상관없이 모든 사람들의 영원한 숙제라고 해도 과언이 아니기에 그 숙제를 조금 편하게 혹은 효율적으로 할 수 있도록 도와주는 것도 의미 있는 일이라고 생각한다.

이 책을 쓰면서 다이어트 부분에 대해 어떻게 그려 나가면 좋을까를 고민하다 보니 세계적으로 가장 섹시한 여배우 안젤리나 졸리와 만나서 어떻게 몸매를 관리하는지 이야기를 들어 보면 얼마나 좋을까 하는 생각이 들었다.

안젤리나 졸리가 내 비디오를 보면서 따라 하는 귀여운 모습을 브레드 피트가 보고 가족들 모두 따라한다? 그 모습을 본 다른 많은 사람들도 영향을 받아 함께 따라한다? 일파만파로 퍼진다?

하하. 상상은 그야말로 순식간에 커져서 엄청난 스토리를 만들어 냈다.

물론 이것은 아직 아이디어일 뿐 그러한 비디오를 만들지는 않았다. 하지만 신선하지 않은가? 운동이라고 생각하기보다 놀이라고 생각하면서 즐겁게 다이어트를 한다면 얼마나 좋겠는가.

만일 아파트에서 뛰는 게 문제라면, 뛰어도 아래층에 소리가 나지 않는 실내화 같은 특수 운동화를 만들면 된다. 절대로 불가능하지 않다.

하루 30분 고무줄놀이로 다이어트가 된다면 최고일 것 같다. 내야겠다. 사비라도 들여서. 말리더라도 할 거다. 하기로 했으니까 말이다.

혹시 지금 이 순간, '살이 쪄서 고민이야.' 라고 생각하는 분이 계시다면 절대 포기하지 말고 도전해 보라고 하고 싶다. 단, 절대로 갑자기 한꺼번에 살을 빼려고 하지는 마시라. 요요현상을 피해 갈 수 없다. 건강은 평생의 숙제고, 건강한 다이어트도 멈출 수 없는 숙제니까 급히 가려고 욕심 내지 말자. 절대로 이롭지 않다.

효과 있는 다이어트를 위해 '이것만큼은 꼭 지키자' 하는 것이 있다. 참고로 안젤리나 졸리도 실천하는 것이다.

바로 다이어트에 가장 중요한 단백질! 그리고 물!

단백질 위주의 식단으로 식사를 하면 몸속 불필요한 수분과 지방을 빼 준다. 또, 하루 2~3L의 물은 신진대사를 활발하게 해 체내의 수분 밸런스를 조절하고 불필요한 수분과 노폐물을 몸 밖으로 배출하는 역할을 한다. 그래서 다이어트의 가장 기본은 물을 많이 마시는 것이다.

이런 기본 원칙을 무시하고 무작정 굶거나 원푸드 다이어트만 해서는 실패할 확률이 크고, 성공했다 해도 얼마 못 가 바로 요요현상이 찾아온다.

내가 다이어트를 해야겠다고 생각할 때 항상 빠지지 않고 실천하는 기본적인 방법이 몇 개 있다. 특별한 것은 아니지만 그럼에도 불구하고 많은 사람들이 지속하는 데 어려움을 겪는 것들이다.

1. 하루 두 끼만 먹는다(도저히 안 되겠다 싶어 세 끼 다 먹어야 할 땐 고구마로 대신하자. 고구마는 다이어트에 최고의 음식이다~!).

2. 날마다 2L의 물을 꾸준히 마신다.
3. 밀가루와 패스트푸드를 절대 멀리한다.
4. 먹으면서 '이거 먹으면 살찌는데' 하면서 먹지 말고 '먹어도 날씬해진다' 고 상상하면서 이왕 먹는 거 즐겁게 먹는다.
5. 냉장고에 가장 닮고 싶은 날씬한 여성의 사진을 붙여놓고 계속 그 몸을 상상한다(참고로 이 부분에서 안젤리나 졸리는 자신의 가장 젊었을 때 섹시한 모습을 붙여놓고 머릿속으로 그린다고 한다. 난 전지현이다. ☺).
6. 먹고 나서 바로 눕거나 자지 않는다. 단순히 비디오를 볼지언정 최소한 세 시간 뒤에 잔다. 그래야 위에 부담이 없고 지방이 쌓이는 걸 막을 수 있다.

"별것 없네." 할지도 모르겠다. 그런데 정말로 기본적인 것들만 지켜도 다이어트는 반드시 성공한다. '17년 동안 다이어트에 관해 고민해 온 달인' 까지는 못되지만, 누구보다도 많은 관심과 경험을 갖고 있는 사람으로서 자신 있게 말하건대, 더 빨리 혹은 더 쉽게 하는 방법이 없을까를 고민하며 무리하지만 않는다면, 건강한 다이어트는 언제나 가능하다~!

happy diary

다이어트에는 무엇보다
'자기 사랑'의 마음이 반드시 필요하다.
누군가에게 보여주고 싶은 마음이 다이어트의 동기이기 쉽지만,
가장 먼저는 자기 자신을 사랑하고 지금 자신의 모습에
감사한 마음을 갖는 것이 중요하다.
예를 들어, 타고난 나의 소화력이 감사하고,
튼튼한 다리 덕분에 관절염 걱정이 없어
감사하다는 식으로 말이다.
스트레스 받아봐야 그야말로 물만 마셔도 살찔 뿐이다.
스트레스는 다이어트와 건강엔 정말 상극이다.
그리고 하나 더~! 다이어트와 함께 정신도 트레이닝하여
안팎으로 모두 멋진 우리가 되도록 노력하는 것도 잊지 말자~!

YEAR **2031**
MONTH **DECEMBER**
DAY **05**

큰딸 윤아의
결혼식

FUTURE DIARY

나도 모르게 눈물이 핑 돌았다.
내 뱃속에서 15시간 진통 끝에 세상에 얼굴을 내민 게 엊그제 같은데,
마냥 아이 같던 우리 윤아가 결혼을 하다니…….

조혜련의 미래일기 **2031년 12월 05일**

세상에서 가장 행복한 미소를 띤 아름다운 신부가 입장했다.
심플한 화이트 드레스를 입은 신부 윤아는 이제 앞으로 평생을 함께 보듬어 주며 살아갈 남편의 손을 잡았다.
나도 모르게 눈물이 핑 돌았다. 내 뱃속에서 15시간 진통 끝에 세상에 얼굴을 내민 게 엊그제 같은데, 마냥 아이 같던 우리 윤아가 결혼을 하다니…….
주례사의 패턴은 몇십 년이 흘러도 똑같다.
"신랑 노은채 군은 신부 김윤아 양을 검은 머리 파뿌리 될 때까지 사랑하겠습니까?"
고운 윤아를 사랑스러운 눈빛으로 힐끔 본 은채는 목청이 찢어져라 "네!!! 약속합니다!" 하고 대답했다.
언제나 듬직한 노 서방은 많은 하객들 앞에서 신부와 뜨거운 키스를 나눴다. 미국에서 오래 살아서 그런지 역시 아메리칸 스타일이다.
윤아와 은채가 처음 만난 건 뉴욕의 어느 공연장에서였다. 피아노를 전공한 윤아의 공연을 보러 온 은채는 윤아를 보고 한눈에 반해서 두 달을 구애했단다. 거참, 송윤아도 아닌데 뭐 그렇게까지 할 필요가 있나? (대학 미팅 때도 늘 천덕꾸러기였던 나의 과거는 딸에게도 심술을

FUTURE DIARY

부린다. 그 시절엔 남자들에게 참 인기가 없었지만, 뭐 어떤가. 지금은 이렇게 멋진 남편을 만났는 걸.) ☺

한결같은 은채의 정성에 반해 윤아는 마음을 열었고, 사귄 지 거의 백 일 만에 이렇게 결혼까지 하게 되었다. 이것도 우리 부부랑 너무 비슷하다. 우리 부부도 만난 지 백 일 만에 결혼했으니까.

조금 다른 건 윤아 팀은 결혼식을 올릴 때 벌써 임신 3개월을 맞이했다는 것. 급하긴 급했나 보다. 하기야 나는 남편을 처음 만난 날 강한 키스를 날렸었지. 핏줄은 못 속인다더니 성격도 급하다.

덕분에 이제 7개월만 기다리면 내가 손주를 보게 된다.

윤아는 신혼여행 후 남편을 따라서 샌프란시스코로 가서 살게 된다. 내가 미국 방송을 할 때는 자주 볼 수 있으리라.

신혼여행을 다녀오고 나선 오렌지카운티에 있는 별장에서 멋진 파티를 하기로 했다.

PRESENT

미래일기 바이러스

윤아의 미래를 그리면서 나는 많이 고민했다. 어떻게 그리면 좋을까? 윤아가 원하는 삶은 과연 무엇일까?

윤아에게 슬쩍 물어보기도 했다.

"윤아는 꿈이 뭐야?"

그랬더니 초등학교 3학년 윤아의 답이 웃기지도 않는다.

"하나도 안 바쁜 엄마가 되고 싶어."

완전히 찔린다. 하나도 안 바쁜 엄마라니, 이거 나 보고 너무 바쁘게 산다고, 자기에게 무심하다고 타박하는 이야기 아닌가. 헛웃음이 나온다. 가슴이 아팠다.

나는 작정하고 윤아의 미래를 상상해 보았다. 하지만 여전히 가장 쓰기 힘든 미래일기다. 아무리 내가 엄마라지만 자식의 미래를 마음대로 결정지을 수는 없지 않은가. 윤아가 정말로 좋아하는 것, 누가 때려말려도 어떤 역경이 닥쳐도 미쳐서 할 수 있는 일이 뭘까 고민해

봤지만 나는 아직 잘 모르겠다.

다만 나는 윤아가 공부를 잘하는 아이, 얼굴이 예쁜 아이보다 '세상에서 가장 행복한 사람'이 되었으면 좋겠다. 그래서 가장 행복한 결혼식을 그려 보았는데, 물론 결혼이 곧 행복이라는 말은 아니다. 그냥 윤아의 삶에 많은 사람들의 축하와 배려와 웃음이 있고, 정말로 많이 사랑받고 또 사랑하며 살았으면 하는 마음에서 결혼식을 그려 본 것이다.

내 딸이지만 윤아는 나와는 성격이 정 반대다. 아주 차분하고 꼼꼼하고 때때로 소심하고 완벽하다. 가령 숙제를 하지 않으면 잠을 잘 못 잘 정도다. 초등학교 3학년이 말이다. 그런 윤아를 보며 안심이 되기는커녕 걱정이 되어 혼을 낸 적도 있다.

"윤아야, 너를 어떤 틀 안에 가두려고 하지 마. 자유로운 너의 원래 모습 그대로를 살려서 네 개성을 표현하는 게 중요한 거야. 숙제하기 싫을 때는 안 하는 게 사람이니까, '아~ 오늘은 신나게 놀고 내일 학교 가서 손바닥 한 대 맞아야지' 하는 배짱도 때론 가질 줄 알아야 돼."

그 후 나는 윤아에게 장문의 이메일을 보냈다.

 E-mail

…… (전략)

윤아야~! 너희 반 친구들 중에도 키가 큰 아이가 있고, 작은 아이가 있고, 또 이야기를 재밌게 잘하는 친구가 있고, 달리기를 기똥차게 잘하는 친구가 있고 그렇지?
친구들이 다 생김새도 다르고 잘하는 것도 다르고 성격도 다르고 그렇기 때문에 살아가는 모습도 엄청 다양한 거야. 모든 사람이 다 똑같은 시간에 대학교에 입학하고, 똑같은 나이에 취업을 하고, 똑같은 나이에 결혼을 하고…. 그럴 필요는 없다고 생각해.
누군가는 명문대학 진학을 목표로 죽어라 하고 공부를 열심히 하면서 살아갈 수도 있겠지. 그러면 또 누군가는 책을 많이 읽고 자기 개성을 살려서 다양한 경험을 쌓다가, 뭐 나중에 정말로 대학 공부가 하고 싶어져서 서른 살 넘어 진학할 수도 있는 거야. 또, 느지막이 열정이 끓어올라 36살에 일본어에 미쳐도 되고, 40살에 영어를 겁나게 팔 수도 있는 거, 그런 게 즐거운 인생 아니겠니? 하하.

…… (생략)

　나는 메일의 전송 버튼을 누르기 전에 내가 쓰고 있던 이 미래일기의 파일을 모두 첨부하여 윤아에게 보냈다. 초등학교 3학년에겐 조금 어렵지 않을까 하는 고민도 살짝 했지만, 그래도 꼭 보여주고 싶었다. 특히 노은채와의 결혼식 장면은 더 읽히고 싶었다.

그리고 그날 밤 윤아에게서 답장이 왔다.

 E-mail

크크.. 결혼식 재밌당. 노은채란 애가 우리 반 친구긴 한데,
걘 여자애야 엄마...
그리고 엄마 난 학교 선생님이 되고 싶어.
(윤아의 미래의 꿈을 처음 듣는 순간이었다!)
그리고 엄마 나도 미래일기 써 볼라고... 되게 재미있을 것 같애.

위의 메일은 진짜로 윤아한테서 온 거다.

윤아도 미래일기를 쓰면 참 좋겠다는 생각과 함께 윤아의 행복을 꿈꾸는 나의 마음도 전달되었으면 했다.

물론 윤아의 미래는 윤아가 만들어 가는 것이다. 어떤 것도 강요하고 싶은 마음은 없다. 언젠가 『미쳐야 미친다』라는 책을 읽었는데, 그 제목에 비유해서 말하자면, 나는 우리 아이들이 스스로 '미쳐서 미치는' 아이가 되었으면 한다. 윤아가 가장 좋아하는 일을 마음껏 하면서 가장 행복한 삶을 살 수 있도록 엄마로서 나는 곁에서 함께 계속 꿈을 꿔 줄 것이다.

happy diary

윤아는 정말로 미래일기를 쓰기 시작했다.
아래의 미래일기는 윤아가 직접 쓴 것인데,
엄마로서는 그 내용상 아쉬운 부분도 많지만 하나도 고치지 않고
그대로 책에 실어 본다.

-윤아의 미래일기-

2021년 5월 8일

어릴 적 나의 장래희망은 선생님이었다.
8살 때 담임선생님을 보며 감사함과 대단함을 느껴서 생겨난 꿈이다.
나보다 먼저 교사 시험에 합격해서 선생님이 된 여경이가 난 부러웠다.
오늘 시험을 보러 가는 나는 마음속으로
'잘할 수 있다'를 스무 번 대뇌었다.
차를 타고 가는 내내 심장이 터질 듯 떨려 왔다.
교사 시험을 보는 곳에는 나보다 실력 있는 사람들이 훨씬 많아 보였다.
그리고 예쁜 의상을 입고 온 사람들도 눈에 띄었다.

happy diary

밝은색 원피스를 입고 올 걸 하고 후회를 했다.
오늘 나의 옷차림은 수수한 블라우스와 하얀색 치마였다.
누가 봐도 단정해 보이는 차림이었지만 지금은 왠지 마음에 들지 않는다.
이윽고 내 차례가 되었고, 나는 시험을 보았다.
시험이 무사히 끝나고 핸드백을 들고 밖으로 나왔을 때
난 정말 두근거렸다.
발표일이 빨리 왔으면 좋겠다는 마음으로 차를 타고 집으로 돌아왔을 때
우리 아이들 연수와 지현이가 나를 반겼다.
연수와 지현이는 나의 초등학교 친구와 같은 이름으로 지었다.
잘나가던 그 친구들은 지금도 화려한 인생을 살고 있겠지?
아직 취직도 못해서 쩔쩔매는 나는 남편이 있어서 다행이라고 생각했다.
우리 아빠가 사장인 큰 회사에 직원인 남편은 돈을 많이 벌어서 좋다.
저녁이 되자 남편이 들어왔다.
우리 가족은 그를 반기며 저녁 식탁에 앉았다.

happy diary

그 날은 WBC가 방송되고 있었다. 남편은 야구를 보다가 흥분해
밥풀을 튀기며 "스트라이크!"라고 외쳤다.
아직 여섯 살인 지현이는 "아빠, 그게 뭐야?"라고 계속 물었다.
그러자 기특한 내 딸 연수가 "그건 이겼다는 거야."라고 말해 주었다.
아직 잘 모르는 연수가 꺼낸 말에 나는 흐뭇했다.
7살인데 그런 것도 아냐고 칭찬해 주었다.
교사시험 발표일이 되자 떨리는 마음으로 나는 다시 시험장에 갔다.
"이주한 씨, 김윤아 씨, 강수아 씨, 전윤희 씨!"
와! 내 이름이 있다. 내가 취직자가 되다니!
나는 설레는 마음으로 집으로 돌아왔다.
"연수야, 지현아!" 기쁜 마음으로 "엄마, 취직했다!"라고 말하자
연수와 지현이는 소리를 지르며 함께 축하해 주었다.
우리 가족은 너무 행복했다.

YEAR 2017
MONTH SEPTEMBER
DAY 09

비빔밥 체인점 비비조

FUTURE DIARY

'비비조'가 어느덧 세계적인 체인점으로 당당하게 자리를 잡았다. 비비조는 내가 만든 비빔밥 가게 이름이다. 뉴욕에만 해도 벌써 세 개의 체인점이 있을 정도니 미국에서도 제법 안정적으로 자리를 잡은 셈이다.

조혜련의 미래일기 **2017년 09월 09일**

'비비조'가 어느덧 세계적인 체인점으로 당당하게 자리를 잡았다. 비비조는 내가 만든 비빔밥 가게 이름이다. 뉴욕에만 해도 벌써 세 개의 체인점이 있을 정도니 미국에서도 제법 안정적으로 자리를 잡은 셈이다.

실은 바로 오늘이 그 세 번째 뉴욕 체인점의 오픈일이다. 오늘을 축하하는 의미에서 미국 사람들의 입맛에 맞춘 특제 양념으로 만든 새로운 버전의 불고기비빔밥 메뉴도 출시했다.

세계인의 입맛을 사로잡을 비빔밥을 만들기 위해 지난 3년간 우리 스탭들은 정말 물리도록 비빔밥을 먹고 또 먹었고, 발바닥에 땀이 나도록 뛰어다니며 시식회를 개최했다. 과연 미국 땅은 넓긴 넓었다! 그래도 해외 첫 개척지로 공략한 일본에서의 성공적인 론칭 경험이 있었기에 미국에서는 조금 수월했다.

요식업에는 문외한이던 내가 이렇게 비비조라는 브랜드로 세계인의 입맛을 공략할 수 있었던 배경에는 주변 사람들의 공이 컸다. 먹는 것을 좋아하는 내가 그저 막연하게 비빔밥의 세계화 가능성을 상상했을 때 그 꿈을 구체화시켜 준 나의 지인들, 세상 누구보다도 유능한 당신들에게 정말 고맙다.

FUTURE DIARY

뜻을 함께하는 사람들의 연대, 그들의 열정이 폭발하면 못 이룰 게 없다는 것을 새삼 실감했다.
해외 1호점인 일본 다이칸야마에서의 반응은 가히 폭발적이었다. 물론 시행착오도 많았다. 우리 입맛에 맞춘 비빔밥은 너무 매워서 고춧가루에 익숙하지 않은 일본 사람들은 눈물을 흘리며 먹기도 했다. 이후 그들의 입맛에 맞게 약간 달콤한 맛의 비빔밥을 출시한 것이 소위 초대박이 났다.
일본에서 가장 잘나간다는 체인점 요시야에 이어 매출 3위로 우뚝 솟았다. 삿포로, 오사카, 심지어 오키나와에서도 체인점을 하고 싶다며 끊임없이 문의전화가 걸려 왔다.
그때 내 머리를 스쳐간 생각. '아! 이젠 미국이다!'
이후 미국 진출은 급물살을 탔다. 그리고 바로 오늘, 뉴욕에만 벌써 세 번째 체인점이다.
점심때에 딱 맞춰 오픈을 했는데, 뉴요커는 죄다 몰려올 기세로 손님들이 밀어닥쳤다. 바로 옆에 있는 맥도널드는 우리 비비조가 들어온다는 얘기를 듣고 바짝 긴장했는지 대대적인 이벤트에 열을 올렸다. 하지만 손님들이 줄을 서서 기다린 쪽은 당연히 웰빙푸드

조혜련의 미래일기 **2017년 09월 09일**

비비조~! 이대로라면 내년쯤엔 유럽과 남미에서도 비비조를 론칭할 수 있을 것 같다.

사실 비비조의 비빔밥이 미국에서 널리 알려진 결정적인 계기는 따로 있다. 작년에 오프라윈프리쇼에 출연했던 인연으로 오프라와 나는 언니 동생 하는 사이가 되었고, 그녀가 흔쾌히 내 가게에까지 와 주었다.

또 원래 한국 음식을 좋아하는 그녀가 방송에서 비비조 비빔밥을 혀에 땀나도록 칭찬해 준 덕분에 이렇게 미국에서 대박 행진이 이어지고

hyelyun's sketch

FUTURE DIARY

있다.
며칠 전에는 그녀가 전화로 이제 다이어트를 위해 아침은 호박고구마로, 점심은 야채가 가득 들어 있는 비빔밥을 먹고 있다면서 한국 고추장을 좀 보내 줄 수 있겠느냐고 물어왔다. 나는 당장 태양초고추장 한 박스를 보내주었다. 맛있다고 고추장을 너무 많이 넣어서 비비면 다이어트에는 좋지 않다는 조언도 함께 덧붙였다.
미국에서 우리 비빔밥은 1인분에 2만5천 원 안팎이다. 한국에 비하면 상당히 높은 가격이지만, 여기서는 다른 음식에 비해 오히려 저렴한 수준이라고 사람들이 이야기한다. 각 나라의 물가에 기준해서 판매가격이 정해지니 어쩔 수 없다. 햄버거 하나에 1만2천 원이니까, 8년 전 2009년 가격에 비하면 햄버거 가격이 세 배로 올랐다. 그만큼 돈의 가치가 없어진 것일까?
어쨌든 비비조의 성공을 시작으로 나는 한국의 음식을 더욱더 널리 알려 나갈 것이다. 된장찌개와 김치찌개, 삼계탕, 그리고 떡볶이도 모두 세계화하는 그 날까지 나와 우리 스탭들은 오늘도 "화이팅!"을 외쳐 본다.

PRESENT

창조적인 상상의
놀라운 힘

현재의 나

    음식에 대해 특별히 아는 것도 없고 별로 관심도 없던 내가 미래 일기를 쓰면서 이런 '비비조'라는 비빔밥 체인점 아이디어를 떠올린 것은 스스로도 이상하고 신기하다.

    연예인들이 곧잘 사업으로 투잡을 하는 것을 보면서 만약 내가 사업을 한다면 어떤 걸 할 수 있을까 하고 생각해 본 적이 있다. 사실 내가 정말 잘하는 건 방송일밖에 없으니 막막했다.

    그러다 욘사마 배용준 씨를 떠올렸다. 그는 드라마「겨울연가」로 일본에서 확실한 성공을 거둔 뒤 실력 쟁쟁한 엘리트들과 손잡고 하나하나 사업 영역을 넓혀 나갔다.

    처음 시작한 것은 레스토랑이었다. 근육질의 몸매를 만들기 위해 항상 트레이너와 칼로리를 연구하면서 먹은 음식들을 기초로 하여 건강에 좋은 웰빙 음식으로만 만든 그 레스토랑은 최고의 레스토랑이 되었고, 한국을 찾는 일본 팬들의 아지트가 되었다.

나도 한번 가 본 적이 있는데 음식도 너무 맛있었고 서비스도 훌륭했다. 손님 대부분이 일본 사람들이라 마치 일본에 와 있는 것 같은 착각을 불러일으킬 정도였다.

욘사마는 계속해서 식도락에 도전했다. 일본에서 출시한 욘사마 도시락은 불티나게 팔렸고, 이제 도쿄 중심가에 '고시레'라는 한국 전통음식점을 만들어 지금도 예약이 몇 개월씩 밀려 있을 정도로 큰 인기를 끌고 있다.

얼마 전에는 욘사마 막걸리까지 만들었다. 앞으로는 또 어떤 것들을 더 내놓을지 모두가 주목하고 있다.

나는 한류스타도 아니고 내가 가게를 한다고 해서 많은 팬들이 몰리지 않을 것도 안다. 그런데 왜 내가 미래일기에 비빔밥과 김치에 대한 레스토랑을 만들었는고 하면, 지금도 그렇지만 세계는 앞으로 점점 더 한국 음식에 열광할 것으로 믿기 때문이다.

얼마 전 일본에서의 한 설문조사에 따르면 그들이 가장 맛있어 하는 음식으로 한국의 비빔밥과 김치를 꼽았다고 한다. 채소를 많이 섭취할 수 있어 건강에도 좋고, 변비도 없어지고, 무엇보다 매콤한 음식이 많아서 식욕이 당긴다는 것이 이유였다. 하긴 일본에는 고춧가루가 없다. 매운 맛을 내는 것은 와사비밖에 없는 것 같다.

실제로 내가 가까이서 지켜보면서도 늘 실감했던 게, 일본 사람들은 우리 음식을 참 좋아한다는 것이다. 비빔밥, 잡채, 파전, 나물, 김치 등등…….

또 얼마 전에 본 다큐멘터리에서 뉴욕에서 가장 인기 있는 레스토랑으로 한국 음식점을 취재한 것도 인상적이었다. 물론 미국 사람들 입맛에 맞게 만들었겠지만 그 방송에 나온 요리들은 불고기와 비빔밥, 김치 등 우리가 흔히 먹는 식사들이었다. 가격이 상당히 비싸서 생일이라든지 아니면 큰맘먹고 한번 외식할 때나 찾을 수 있을 만큼 고가의 음식으로 팔리고 있었다.

그 무렵이었던 것 같다. 방송 외에 내가 공부할 새로운 분야 중 하나로 나는 한국 음식을 정했다. 그러고는 이렇게 곧장 미래일기에 쓴 것이다.

전 세계에 한국의 비빔밥과 김밥이 맥도널드, 버거킹보다 더 많이 알려지게 해서 인스턴트 음식이 아닌 몸에 좋은 한국 음식의 우수성을 세상에 큰소리로 외치고 싶다.

happy diary

'어려서부터 우리집은 가난했었고 남들 다하는
외식 한번 한 적이 없었고…….'
지오디 노래와 똑같은 환경에서 자란
나는 늘 돈의 부족함을 느꼈다. 친척 중에 큰 부자로 사는 분이
한 분 계셨지만, 우린 늘 그 분에게 무시를 당했고
여러 번 아픈 경험도 해야 했다. 부모님은 내가 어렸을 때부터
돈이 많으면 인색해지고 인간성이 나빠진다는 말씀을 자주 하셨다.
당연히 나는 부자는 나쁜 사람, 정이 없는 사람,
이기적인 사람이라고 생각했었다.
그런데 성인이 되고 내가 직접 경제활동을 하면서부터
조금씩 생각이 바뀌어 갔다. 그때부터 나는 돈이 있으면 할 수 있는
기쁘고 좋은 일들을 상상하기 시작했다.
정원이 있는 예쁜 집을 사서 가족과 함께 자주 모이고,
시청률 상관 없이 내가 하고 싶은 공익 프로그램도 직접 만들고,
영화도 제작하고 싶고, 가능하다면 음반도 내 돈으로 또 한 번 내고 싶고
(모두가 말릴 줄 알지만 '아나까나2'도 만들어보고 싶다. 재밌으니까~),

happy diary

또 엄마 용돈도 더 올려드리고 싶고,
남동생이 출연하는 영화에 직접 투자도 하고,
학비가 없어 학업을 포기해야 하는 어려운 청소년들도 돕고,
음~ 또 세계일주도 해 보고 싶다.
이런 상상들을 하다 보니 돈에 관한
부정적인 생각들도 점차 사라졌다.
그때 비로소 어떻게 하면 돈을 '잘' 벌고 '잘' 쓸 수 있을지에 관한
즐거운 상상과 반짝이는 아이디어들이 떠오르기 시작했다.
내 삶의 모든 화두를 긍정적인 시선으로 바라보는 것이
얼마나 중요한지를 다시 한번 실감한다. ☺

YEAR 2020
MONTH APRIL
DAY 03

전세기 타고
미국 2시간, 일본 30분

FUTURE DIARY

시간당 2,500km를 날아가는 이 전세기는

이제 나에겐 너무나 필수적인 존재가 되었다.

이 녀석 덕분에 전 세계를 자유자재로 뛰어다닐 수 있게 되었다.

조혜련의 미래일기 **2020년 04월 03일**

"칠레산 와인 한 잔 하실래요?"
핑크색 블라우스가 무척이나 잘 어울리는 승무원이 나에게 말을 건넸다.
"아뇨. 뉴욕에 도착하면 곧장 생방송에 들어가야 돼서 알코올은 곤란할 것 같아요. 엄청 마시고 싶지만요, 오렌지주스로 주세요."
미처 배려하지 못한 데 대해 미안한 표정을 지으며 승무원은 오리지널 오렌지주스를 가져다 주었다.
전세기를 마련한 것은 작년 2월의 일이다.
어떤 날은 유럽으로, 어떤 날은 남미로, 또 어떤 날은 중국으로…….
오늘 스케줄만 해도 오전 10시에 뉴욕에서 토크쇼 생방송이 있었고, 오후 4시에는 한국에서 세미나가 잡혀 있었다.
저번 달에는 한국 시간으로 오전에 샌프란시스코로 건너가
베스트셀러가 된 내 책과 관련하여 독자와의 만남이 이루어졌고,
오후에는 일본에서 생방송을 하고 다시 한국으로 돌아와 세미나에
참석하는 강행군도 마다하지 않았다.
시간에 있어서 한치의 오차도 없이 일이 착착 진행된다.
한국에서 도쿄까지 비행시간은 32분, 한국에서 뉴욕까지는 2시간

FUTURE DIARY

30분이 걸린다. 하기야 브라질까지의 비행이 4시간으로 단축됐으니 정말 살기 좋은 세상이 된 거다.
전 세계가 모두 한 무대가 된 지금 나에게 가장 소중한 것은 시간과 건강 관리이다. 내 나이 어느덧 51살. 시간을 최대한 소중히 아껴 써야 한다. 아직도 해야 할 일이 너무나 많은 나는 1분 1초가 아깝고 소중하게 느껴진다.
옛날부터 그랬지만, 나는 어떻게 하면 시간을 아낄 수 있을까를 늘 연구한다. 동시에 여러 가지 일을 처리하는 것은 이제 익숙하다.
예를 들어, 화장실에 갈 때도 요즘 유행하는 음악을 들으며 트렌드를 파악하고, 책을 읽으면서, 얼굴에는 미용 팩을 붙이고, 발은 마사지 기계에 올려놓고 발마사지를 한다. 어떤 때는 모닝커피를 화장실에 들고 갈 때도 있다. 우리 남편은 제발 그것만은 하지 말아달라며 부탁을 하지만 어쩔 수가 없다. 커피 향이 퍼지면 의외로 볼일도 더 수월해진다. ☺
내 전세기 안은 별천지다. 없는 게 없고 안 되는 것이 없다. 시간 절약을 위해 비행기를 타자마자 메이크업 아티스트가 내 화장을 고쳐주고 스타일리스트는 옷을 세팅해 놓고 있다.

조혜련의 미래일기 **2020년 04월 03일**

이동시간이 많은 나는 거의 모든 업무를 비행기 안에서 해결한다. 거기에는 아담한 침실도 있고 작은 바도 있고 스크린을 활용한 영화관도 마련되어 있다. 사우나를 좋아하는 나를 위해 스탭들이 특별주문해서 아담한 사이즈의 사우나와 욕조도 구비해 놓았다. 물론 바로 옆에는 간단한 운동기구들도 놓여 있어 헬스클럽 부럽지 않다. 이렇게 빠른 비행기를 만들어준 과학자들에게 감사드린다. 20년 전만 해도 미국 가는 데 10시간도 넘게 걸렸으니, 아이고, 이런 날이 오긴 오는구나~! ☺

PRESENT

머리가 아닌
심장이 말하는 꿈

현재의 나

　이 미래일기는 '미국과 한국과 일본을 하루에 왔다갔다 할 수는 없을까?' 하는 상상에서부터 시작되었다.
　지금은 미국에 가려면 직행이라도 비행기로 10시간 이상이 걸린다. 비행기에서 보내는 시간이 너무 많다. 그래서 상상으로나마 비행기의 속도를 올려보았다. 그런데 왠지 그런 날이 정말로 올 것 같다. 대전 내려가듯이 일본에 가고, 부산 가듯이 미국에 가는 그런 날이 말이다.
　사실 이번 미래일기를 쓰면서 가장 많이 웃고 재미있었던 대목이다. 전세기? 타 보기는커녕 그 안이 어떻게 생겼는지 구경도 해 본 적이 없다. 그래서 좀처럼 구체적인 이미지가 상상이 되지 않았는데, 그럼 뭐 어떤가. 그래서 더 재미있는 걸.
　비행기 안에 내가 좋아하는 사우나를 만들고 영화관을 만드는 상상은 그야말로 내 마음대로다. 하지만 훗날엔 기술적으로 얼마든지

가능할 거라고 믿는다. 물론 그렇다 해도 내가 돈을 엄청 많이 벌고 그만큼 유명해져야겠지만 말이다. ☺

사실 미래일기를 쓰기로 마음먹고 여러 가지 상상을 하면서 내가 부딪친 벽은 '이거 상상이 너무 과한 것 아닌가? 괜찮을까? 진짜 이루어질까? 황당무계하다고 욕이나 먹지는 않을까?' 하는 걱정 혹은 두려움들이다. 갑자기 어디까지 상상을 해도 좋을지 몰라 멍해지고 말았다. 아무리 나의 미래일기라지만, 너무 조혜련 위주이고 현실과 동떨어진 엄청난 상상들이었으니 말이다.

그런데 그런 걱정들로 브레이크가 걸리자 상상이 점점 작아지고 자신감도 없어지고 무엇보다도 이 미래일기를 쓰는 게 조금도 신나지가 않았다.

그래서 다시 마음을 고쳐먹었다. 미래를 상상하는 데 어떤 기준이 있을 리가 없지 않은가. 나를 가슴 뛰게 하는 것이라면 충분하지 않은가. 과장된 미래라 할지라도, 그럼 나는 그것을 이루기 위해 더 많이 더 크~게 도전을 할 텐데 뭐가 문제일까 싶었다.

그날로 나는 다시 얼토당토않은(?) 그림들을 그리기 시작했다. 그러다가 이 전세기까지 사게 된 것이다.

이 부분을 읽으며 코웃음을 보인 독자들도 많을 거라고 생각한다. 하지만 생각해보라. 마돈나도 태어났을 때부터 전세기가 있었던 것은 아니지 않은가? 멋지게 상상하고 도전하다 보니 유명해지고 최고의 스탭들이 그녀를 돋보이게 해 주고 그렇게 지금의 마돈나가 된 것이 아닐까.

빌 게이츠가 각 가정마다 개인용 PC를 갖게 하겠다는 목표를 이야기하고, 이소룡이 무명배우였을 때 장차 1천만 달러를 받는 미국에서 가장 유명한 동양인 배우가 되겠다고 결심하고, 벨보이에 불과했던 힐튼이 미국 최고의 호텔을 만들겠다고 호언장담했을 때 주변 사람들은 어떻게 생각했을까?

'꿈과 목표를 크게 가지세요!' 라는 말을 나는 교과서 밖으로 끄집어내고 싶다. 슈퍼맨이 자신의 무한한 능력을 잊어버린 채 나무에 매달린 고양이를 구하는 일만 하고 있다면 모두가 웃을 것이다.

도스토예프스키가 그랬다. "꿈을 밀고 가는 힘은 이성이 아니라 희망이며, 두뇌가 아니라 심장이다."

우리에겐 무한한 가능성이 있다. 그 가능성을 스스로 믿는 만큼 성공하고 행복해지는 것이다.

happy diary

적당히 포기할 줄 알고, 스스로의 한계를 인정할 줄 알고,
현실과 동화를 정확히 구분해 내고,
주변에 더 이상 신기하거나 놀라울 것이 없는,
바로 그런 게 나이 먹는 거라고 생각하는 한
나이 드는 게 즐거울 리가 없다.
'서른, 잔치는 끝났다'고 말해 버리면
마흔 줄의 나는 어쩌란 말인가.
내 미래일기의 첫 장은 장례식이고,
나는 그것을 마지막 축제라고 불렀다.
그날까지 날마다 축제다.
철없는 상상이라도 좋다.
그것이 나를 계속 달리게 하니까……!

YEAR 2018
MONTH JUNE
DAY 25

평양 가족 여행

FUTURE DIARY

이제 이 지구상에 형제가 따로 떨어져 만날 수 없는 나라는 어디에도 없다.
그리고 앞으로도 없을 것이다.

조혜련의 미래일기 **2018년 06월 25일**

"여기 물냉면 둘이랑 비빔냉면 둘 주세요. 1시간이나 기다렸어요."
말로만 듣던 진짜 함흥냉면을 먹어보는 역사적인 순간이다. 우리가 찾은 이 곳이 평양에서 가장 유명하다는 오리지널 함흥냉면집인데, 날마다 이렇게 인산인해를 이룬다고 한다.
아무리 오래 기다려도 꼭 먹고 가겠다는 의지의 한국인들~!
"냉면 나왔습니다. 맛있게 드시라이요."
사투리를 쓰는 점원은 아주 예쁘게 생긴 북한 아가씨였다. 역시 남남북녀이다.
어젯밤 일산 집에서 차로 2시간 반 만에 38선을 넘어 평양에 도착한 우리는 시내 중심가에 자리 잡고 있는 고급 호텔에서 묵었다.
평양의 야경은 너무도 아름다웠다. 고층빌딩의 네온사인들이 마치 명동에 와 있는 것 같은 착각을 불러일으켰지만, 그보다 훨씬 더 아름다웠다. 도시계획에 맞춰 친환경적인 디자인으로 설계된 덕분인 것 같다.
호텔 맞은편 건물에는 농익은 아름다움을 단체로 뽐내는 중견그룹 소녀시대를 모델로 한 화장품 광고 전광판이 화려하게 반짝이며 우리를 향해 미소 짓고 있었다.

FUTURE DIARY

불과 몇 년 전만 해도 상상도 하기 힘든 풍경을 이렇게 만끽할 수 있다는 사실에 새삼 눈물이 났다.
5년 전 남북이 평화통일을 이뤘을 때 아마 전 국민이, 아니 전 세계가 함께 울었을 것이다. 1950년 한국전쟁이 나자마자 북으로 끌려가신 큰아버지를 잊지 못해 아직도 혼자 사시는 큰어머님은 그 역사적인 날, 이제 눈을 감아도 여한이 없다며 기쁨의 눈물을 펑펑 쏟으셨다. 우리에게 통일이 찾아온 것이다.
동독과 서독이 하나가 되었을 때 이 지구상에 남은 유일한 분단국가에 살아가는 우리는 얼마나 독일을 부러워했던가.
이제 우리나라에도 통일을 기념하여 전 세계에서 많은 사람들이 찾아오고 있다. 외국인 관광수입이 천문학적인 수준으로 증가했다며 뉴스에서도 연일 보도를 한다.
우리는 냉면집을 나와서 평양에 세워진 83층 최고층 빌딩의 전망대로 올라갔다. 이산가족들의 기념촬영 장면은 언제 봐도 가슴 뭉클하다. 이제 이 지구상에 형제가 따로 떨어져 만날 수 없는 나라는 어디에도 없다. 그리고 앞으로도 없을 것이다.

PRESENT

더 늦기 전에

현재의 나

'우리의 소원은 통일 꿈에도 소원은 통일…….'
어렸을 때부터 참 많이 불렀던 노래이다.
역사상 수많은 전쟁에 직간접적으로 가담해야 했고, 식민지 치하까지 경험해야 했던 우리는 정말 몸서리치도록 전쟁을 증오한다. 그래서인지 나는 역사와 정치는 잘 몰라도 그냥 왠지 진심으로 남북통일 같은 문제에 마음이 쓰인다. 지금도 북한은 식량문제를 겪고 있으니 그 곳의 어린이들이 굶주림에 힘들어하진 않는지, 영양 상태는 어떤지 등을 생각하면 그저 같은 동포로서 마음이 아파 온다.
사실 일본에서 2년 동안 시사 프로그램을 방송하면서 나는 늘 북한 소식을 접했다. 타국에서 말이다. 웃음만큼이나 눈물도 많은 나는 그때마다 눈물이 맺히곤 했다. 대체 우리는 무엇을 위해 누구를 위해 이렇게 둘로 나누어지지 않으면 안 되었을까? 전쟁만큼 비참한 것은 없다. 전쟁에서는 누구도 승자일 수 없다. 과거의 아픈

민족사가 평화적인 통일로 결실을 맺기를 정말 가슴깊이 기원하며 이 미래일기를 써 본다.

여러분은 통일이 되면 가장 먼저 무엇부터 하고 싶은가? 난 전쟁 때 월북하신 큰아버지를 만나고 싶다. 물론 연세가 있으시니까 살아 계실지 확신할 수 없지만 어떻게든 큰아버지의 자취라도 찾고 싶다. 할머니가 돌아가시기 직전까지도 마음속에 응어리처럼 가지고 계셨던 큰아버지에 대한 한! 할머니는 살아생전에 "나는 통일을 못 보고 죽지만 너희들은 꼭 좋은 날을 보고 큰아버지의 흔적을 찾아 줬으면 좋겠구나……." 하고 말씀하시곤 했다.

아버지도 돌아가시기 전에 "형님, 끝내 당신의 얼굴도 못 보고 내가 갑니다."라고 하시며 마음 아파하셨다. 아버지의 응어리진 한을 이제는 풀어드리고 싶다.

나는 앞으로도 계속 상상할 것이다. 폭력이나 제압으로 인한 통일이 아닌 비폭력 평화 통일이 되는 아름다운 온전한 대한민국의 그날을…….

가장 불행했던 만큼 북한의 동포들은 누구보다도 가장 행복해질 권리가 있다고 생각한다. 남북 모두 하나가 되어 정말 이 지구상에서 가장 행복한 국민들이 되었으면 좋겠다. 나뿐만 아니라 더욱더 많은 사람들이 이런 미래를 함께 그려 준다면 얼마나 좋을까……. 통일 뒤에 한층 더 강력해진 경제력으로 균형 발전을 이룬 남과 북의 모습, 평양의 거리, 새로운 인연 등등 행복한 것들만 말이다.

happy diary

한 무리의 집단 명상이
그 지역의 범죄와 폭력을 현저하게 감소시킨
사실이 19개의 연구논문에 실린 적이 있다.
잔잔한 연못에 돌멩이를 던지면 파문이 일어 멀리까지 퍼져 나가듯
나비효과와 같이 한 사람 한 사람의 좋은 생각의 파동이
결국 이 세상을 변화시킬 수 있다고 나는 생각한다.
오늘도 그러한 좋은 사람들의 연대를 꿈꿔 본다.

YEAR 2025
MONTH AUGUST
DAY 07

아프리카 자원봉사

FUTURE DIARY

나는 한 사람이라도 놓칠세라 눈을 크게 뜨고 팔을 벌려
아이들 한 명 한 명을 모두 안아 주었다. 내 마음 전해졌겠지?

조혜련의 미래일기 **2025년 08월 07일**

소말리아 어린이들과는 꼭 3년 만의 재회이다.
오늘을 얼마나 기다려 왔던가. 너무 보고 싶어서 비행기 안에서도
계속 잠을 이루지 못했다.
3년 전 아프리카 친구들을 처음 만났을 때 나는 그들을 위한 학교를
짓기로 마음먹었다. 과거에 비하면 그래도 국제적인 차원에서 이뤄진
지극한 관심과 원조 덕분에 아프리카의 기아문제도 엄청나게 많이
개선되었다. 다행히 내가 찾아간 곳도 이제 더 이상 굶주림으로
고통받는 아이는 없었다. 하지만 그 아이들에게는 꿈이 없었다. 다른
세상을 경험해 보지 못했기 때문이다. 그때 결심했다. 이 아이들에게
필요한 건 교육이고, 나는 조그마한 학교를 지어 이 아이들이 꿈을 꿀
수 있도록 돕겠다고.
이 모든 사업을 언제나 내 곁에서 함께하는 뛰어난 스탭들과 마음
착한 딸 윤아가 앞장서서 진행해 주었다. 이렇게 마음 따뜻하고 좋은
사람들이 항상 곁에 있다는 것, 언제라도 뜻을 모아 하나로 힘을 낼 수
있다는 것은 얼마나 행복한 일인가.
벌써 20~30년쯤 되었나 보다. 당대 최고의 배우 김혜자 선생님은
몸소 이 아프리카의 아이들에게 사랑을 나눠주고 마음을 써 오셨다.

FUTURE DIARY

내가 이러한 일에 동참하게 된 것도 김혜자 선생님이나 정혜영·션 부부, 원빈 등등 세계의 기아문제에 발 벗고 나서는 연예인들을 보면서다. 마더 테레사, 오드리 햅번, 다이애너 비 등 전 세계에서 많은 사람들이 세상에 기아와 빈곤을 없애기 위해 끊임없이 노력해 왔다. 그 정신을 후손들이 이어받아 나 외에도 엄청나게 많은 사람들이 나눔의 미덕을 실천하고 있다.
덕분에 더 이상 굶는 아이들은 없지만 이제는 부디 그 아이들이 배움을 경험하고 자신들만의 문화를 만들어 갔으면 한다. 그래서 이 세상 곳곳에서 멋지게 활약해 갔으면 좋겠다.
사실 오늘이 바로 소말리아에 내가 세운 학교가 개교를 한 날이다. 교문에는 '환영합니다' 라고 삐뚤빼뚤 쓰인 플랜카드가 걸려 있었다. 웃음이 절로 났다. 바야흐로 한글이 세계화되었으니, 얼마 안 있어 이 아이들과 우리말로 대화할 수도 있겠지? 나는 한 사람이라도 놓칠세라 눈을 크게 뜨고 팔을 벌려 아이들 한 명 한 명을 모두 안아 주었다. 내 마음 전해졌겠지? ☺
15살 쿤자니는 작년에 내가 보내 준 디자인 책을 읽고 나서 패션 디자이너가 되는 꿈이 생겼다고 수줍게 이야기했다. 살리르는 얼마나

조혜련의 미래일기 **2025년 08월 07일**

잘 웃고 또 친구들을 즐겁게 해 주는지, 언어도 통하지 않는 나조차도
살리르의 표정에 박장대소를 할 정도다. 나는 그에게 아프리카에서
가장 웃긴 코미디언이 돼 보면 어떨까 하고 조언해 주었다.
옛날에는 이 땅에서 무슨 일이 일어나는지, 어떤 아이들이 살고
있는지 아무것도 모르고 관심도 없었는데, 지금 이 곳에서 이렇게
서로의 꿈을 이야기하고 있다니 그야말로 꿈만 같다.
오늘을 기념하며 모두 함께 사진을 찍었다. 천사 같은 아이들이 브이
자를 그리며 하얀 이를 드러냈다.
찰칵~!

PRESENT

나의 행복 이상으로
타인의 행복을

현재의 나

　탤런트 김혜자 선생님의 따뜻한 마음을 접할 때면 인간을 사랑한다는 것, 나눔을 실천한다는 것이 얼마나 고귀하고 아름다운가를 새삼 피부로 느낀다.
　사실 연세도 있으시고, 아닌 말로 자신과 가족만 돌보기에도 바쁘실 텐데, 그렇게 자주 아프리카를 찾으시며 사랑을 베푸는 모습을 뵐 때마다 '난 이렇게 살아도 되는 건가' 하고 반성한 적도 많았다.
　꽃미남 원빈도 얼마나 따뜻한 마음의 소유자인가 하고 이번에 새삼 다시 느꼈다. 유니세프 한국위원회의 특별대표를 맡고 있는 원빈 씨가 올해 아프리카로 봉사활동을 다녀왔다는 소식을 들었다. 어느 인터뷰에서 그는 아프리카에서 자신이 앞으로 해야 할 과제에 대해 진지하게 생각해 보았다고 했다. 얼굴만 잘생긴 줄 알았더니~!
　내가 아프리카에 학교를 만들고 싶다고 소망하게 된 데에는 그 곳의 아이들에게 앞으로 어떻게 살아갈지 자신들의 장래를 스스로 고민하는 힘을 키워주고 싶은 마음이 컸다. 그 아이들이 자신의 미래를 행복하게 그릴 수 있는 상상력을 키워 갔으면 좋겠다.

　세상에는 자기보다 남을 사랑하는 사람이 생각보다 많다. 말이 쉽지 그렇게 마음먹기는 결코 쉽지 않다. 그런데 베풀어 본 사람들은 하나같이 입을 모아 이렇게 이야기한다. 베풀고 나면 받는 사람보다 주는 쪽이 너무나 행복해진다고. 그 행복은 돈으로도 절대 살 수 없는 최고의 행복이라고. 아마 가수 김장훈 씨가 이야기한 것 같다.

　그러고 보면 세계적인 부호 빌 게이츠나 오프라 윈프리도 아낌없이 베풀 줄 아는 사람들이다.

　나도 그들을 닮고 싶다. 세상에 빈곤이 없어지도록, 불행에 우는 사람들이 없어지도록 뭐라도 하고 싶다. 자신의 행복보다 타인의 행복을 생각한 간호의 어머니 나이팅게일처럼 말이다. 작은 자기를 넘어 사람들을 위해, 사회를 위해 강한 마음으로 사는 위대한 여성들의 전기를 읽으며 나도 그러한 삶의 자세를 닮아 가려 노력해 본다. 나 자신도 중요하고 가족도 중요하지만, 결국 타인의 행복을 위해 마음을 쓸 줄 아는 것이 가장 숭고한 삶이라고 믿기 때문이다.

happy diary

오랫동안 사형수들을 상담해 온
인생 고수 양순자 선생님이 말씀하셨다.
"웃음 한 번으로, 친절한 말 한마디로,
따뜻한 눈길 한 번으로, 누군가의 마음에 맺힌 원한을
조금이라도 씻어 줄 수 있다면
한 번 해볼 만하지 않아?
그것도 빈둥거리는 사랑을 내보내서 하는 거라면 말이야……."

YEAR 2021
MONTH JUNE
DAY 02

친정식구 성공기

FUTURE DIARY

오늘 우리 가족의 얼굴엔 행복이 한가득이다.
가지 많아 태풍 불던 우리집 나무에도 오늘만큼은
초여름의 훈풍이 살랑거려 엄마의 얼굴에도 꽃이 피었다.

FUTURE DIARY

오늘은 엄마가 팔팔한 팔순 생신을 맞이한 날~! 가족들하고 호텔에서 식사라도 하자고 했더니 엄마는 굳이 막내아들네 새 집에서 하고 싶으시단다. 아마도 영화배우로 성공한 막내가 최근에 넓은 집으로 이사한 것이 뿌듯해서겠지.
엄마는 요즘 아들네 전원주택에서 함께 지내신다.
그 곳에서 상추와 쑥갓, 부추 등의 채소들을 직접 기르시는데, 아주 제대로 신이 나셨다. 그리고 팔순 연세에 톨스토이에 푹 빠지셔서 나에게도 사람은 모름지기 고전을 읽어야 한다고 훈계하신다.
그 옛날 사는 게 어려워 초등학교도 제대로 못 나온 엄마가 팔순에 톨스토이를 읽으시는 열정은 정말 대단하다.
며칠 전 안부전화에서 엄마는 내게 이렇게 얘기하셨다.
"내가 팔자타령을 안 하고 불평불만을 안 하니까 모든 것이 바꿔지드라. 딱 봐라! 미래일기대로 안 가나. 아직도 내 말 안 듣고 투덜투덜하는 친구들은 하나도 안 바낏다 아이가. 내 말 들은 친구들은 아마 살 만할 기다. 신기하재~? 참말로 니가 고맙대이…….." ☺

조혜련의 미래일기 **2021년 06월 02일**

마당에서 바비큐 파티가 열렸다. 엄마가 직접 재배한 채소로 쌈을 싸서 한입 가득 먹는 가족들을 보며 엄마는 너무도 뿌듯해 하며 연신 눈물을 훔치셨다.
벌써 10년도 전인가? 불평불만을 없애고 멋진 미래일기를 써 보라고 엄마에게 말씀드렸었는데, 그 후 엄마는 정말로 달라지셨다. 그리고 우리 가족들도 완전히 달라졌다. 엄마의 영향력은 과연 놀라웠다.
우리 가족은 대가족이다. 첫째 성혜, 둘째 명혜, 셋째 금희, 넷째 남둘, 다섯째 혜련, 여섯째 혜숙, 일곱째 막내 지환, 이렇게 칠남매가 모두 결혼한 데다 다들 아이들이 두세 명 딸려 스물다섯이 넘는 대가족이 됐다.
10년 전만 해도 다들 살림이 어려워 명절이 돼도 다 뿔뿔이 지냈고, 여유가 없어 힘들어 했었다. 하지만 이제 모두 안정을 찾아 오히려 어려운 사람을 도울 수 있게 되었으니, 오늘 우리 가족의 얼굴엔 행복이 한가득이다. 가지 많아 태풍 불던 우리집 나무에도 오늘만큼은 초여름의 훈풍이 살랑거려 엄마의 얼굴에도 꽃이 피었다.
이제 가족 모두가 아프지 않고 앞으로도 더욱 멋진 미래일기를 써 가며 또 그것들을 하나하나 이뤄 가길 기원한다. 가족 모두 사랑한다. 그리고 엄마, 팔순까지 건강하게 살아 주셔서 감사해요~!

PRESENT

불평불만을
노래로 바꿔버리는 배포

현재의 나

엄마의 인생은 그야말로 파란만장했다. 전형적인 유교적 집안에 시집을 와서 대를 잇기 위해 아들을 볼 때까지 아이를 낳으셔야 했다.

첫째도 딸, 둘째도 딸, 쭈욱 딸이다가 다섯째인 나도 아들같이 생긴 딸이었다. 그런데 여섯째도 딸. 결국 우리 할머니는 역정을 내시며 엄마 대신 아들을 낳아줄 씨받이까지 들이셨다. 그 사람도 딸을 낳아서 쫓겨났지만 말이다.

그 후에도 또 딸을 낳은 엄마는 엄마도 모르는 사이 그 딸이 남의 집에 보내지는 아픔을 고스란히 온몸으로 참아내야 했다. 그 때 헤어진 딸을 최근에야 찾게 되어 엄만 눈물로 바다를 만드셨다…….

그렇게 총 일곱 명의 딸을 낳고 나서야 마지막에 내 남동생을 낳으신 거다.

몸이 허약하셨던 아버지를 대신해 엄마는 집안 경제를 도맡아 생활을 꾸리지 않으면 안 되었다. 그 많은 자식들 건사하는 것도 보통

이 아니었을 텐데, 농사까지 지으며 그것을 또 도매시장에 내다팔아 자식들 뒷바라지를 다 했으니 엄마 입에서 팔자타령이 끊이지 않았던 것도 당연하다.

내가 연예인이 되고 나서도 엄마는 언제나 버릇처럼 푸념을 하셨다. 영화 「워낭소리」에 나오는 할머니처럼.

"아이고 내 팔자야……. 뭔 자식은 이렇게 많이 낳아서 내 허리도 아프고, 첫째는 어떻고 아들녀석은 어떻고……."

실제로 우리 형제들의 생활 형편은 좀처럼 잘 바뀌지 않았다. 언니들도 결혼해서도 경제적으로 어려운 생활을 계속했다.

그러다 내가 자기계발서들을 읽어 나가고, 그것들을 실천하기 시작하면서 나는 제일 먼저 엄마에게 이야기했다.

"엄마, 지금부터는 절대로 불평불만하지 마. 대신 앞으로 아들이 어떻게 성공할 것인지, 그리고 자식들이 어떻게 살았으면 좋겠는지 엄마 나름대로 멋지게 상상을 해서 그걸 일기로 써 봐!"

엄마는 내 이야기가 너무 황당했는지 이렇게 말씀하셨다.

"뭔 일기? 참말로, 어제 일기도 안 쓰는데 무슨 미래의 일기를 쓴다냐? 황당하고마는!"

"엄마! 내가 공부를 해 보니까 말이야, 쉽게 말해서 입으로 계속해서 투정하고 푸념하고, 또 남 욕을 하면 현실은 절대로 바뀌지 않는대. 그러니까 나한테 속았다 생각하고 지금부터는 좋은 생각만 하고, 미래일기 그것 좀 한번 써 봐. 응? 알았지?"

그러고 나서 한 달쯤 지났을까? 내가 이 미래일기 원고를 반 정도 썼을 무렵이다. 하루는 엄마에게 전화를 걸어 확인을 해 보았다.

"엄마 어때?"

"뭐가 어때……. 뭐 쓰기는 쓴다마는, 아이고 쓰면서도 황당하기도 하고 말도 안 되는 것도 같고, 이거이 이뤄질까 믿어지지도 않는다 야. 모르겠다."

"뭐라고 썼는데? 한번 읽어 줘 봐."

"니는 미국에 진출해서 돈을 놓을 데가 없을 만큼 떼부자가 되었고, 지환이는 영화로 대성공을 해서 상을 휩쓸었고, 성혜는 남 밑에서 고생만 하며 일하던 그 사우나 건물을 아예 통째로 사게 됐고, 내는 큰집으로 이사 갔고……. 하하하……."

엄마는 당신이 직접 쓴 것인데도 황당하고 쑥스러우신지 마지막엔 웃음만 터뜨리셨다.

"엄마~! 잘 하고 계시구만 뭘. 근데 그냥 단순히 떼돈을 벌었다고만 하기보다 좀 더 구체적으로 어떻게 행복해졌는지, 어떤 영화로 상을 받았는지, 어떻게 생긴 집으로 이사를 갔는지, 그런 식으로 자세하게 그리면 훨씬 신나고 재밌을 거야."

충고나 조언을 듣는 것을 제일 자존심 상해 하는 엄마였는데, 신기하게도 그때 내 말은 받아 적기까지 하면서 고분고분 들어 주셨다.

"엄마! 이제 요즘은 불평 같은 건 안 하지?"

"암만~! 니가 불평하면 안 이뤄진다고 해서 그런 생각이 들면 내 노래를 불른다 아이가~! 사아공에에 뱃노래에 아물……."

"그래그래, 잘했어요 우리 엄마! 근데 그렇게 해 보니까 어때 마음이?"

"아직 잘 모르겠다. 근데 마음은 아주 좋다. 옛날처럼 우울하지도 않고. 괜히 좋은 일이 일어날 것 같아서……."

엄마가 변했다. 세상이 다 변해도 바뀌지 않을 것만 같던 엄마가 이렇게 달라지셨다. 평생을 팔자타령으로 살아오다시피 한 우리 엄마가 말이다. 남들은 이게 뭐 그리 놀랄 만한 변화냐고 할지 모르지만, 엄마의 마음속에서 세상 가장 불행한 사람은 늘 본인 최복순이었다. 그런 엄마가 누가 느끼기에도 훨씬 밝아지셨다.

10여 년 뒤 팔순의 우리 엄마는 얼마나 빛이 나고 고우실까?

'엄마! 그간의 엄마의 노고 모두 헛되지 않도록 더 열심히 뛰고, 또 더 아름다운 미래일기를 써 갈 테니까 몸도 맘도 절대로 아프면 안 돼~!!!'

happy diary

연예인이라는 특수한 직업 덕분에 나는
남들의 입에 자주 오르내릴 수밖에 없다.
그중에는 격려와 힘이 되는 말도 있지만,
어쩔 수 없이 심한 비난도 있게 마련이다.
하지만 어떤 순간에도 나는 나 자신을 긍정하려고 무진장 노력한다.
나를 소중히 여기고, 순간순간을 정성스럽게 살며,
약속을 지키고, 나답게 하루하루를 잘 마무리하려고 애쓴다.
나는 사람은 누구나 '이번에는 반드시!!!' 라고 결심했을 때
그것을 반드시 현실로 증명해낼 수 있다고 믿는다.
그래서 쉽게 포기하지 않는다. 여간해선 불평도 하지 않는다.
무슨 일이 있어도 '나는 태양이다!' 하고 살려고 노력한다.
혼자 잘나서 태양이 아니라,
괴로울 때도 흐릴 때도 빛나는 마음을 잃지 않는 태양인 것이다.

YEAR 2012
MONTH APRIL
DAY 05

아버지!

FUTURE DIARY

"아버지, 이제야 당신을 존경합니다. 그리고 사랑해요……."

FUTURE DIARY

"미안하다."
아버지의 이 한마디를 가슴으로 이해했을 때 비로소 나는 감사함을
아는 사람으로 살아갈 수 있었다.
오늘 가족들과 오랜만에 경상남도 고성에 있는 아버지 산소를 찾았다.
그 곳에 하얀색 카네이션 한 다발을 놓아 드리고, 나는 나지막이
이야기했다.
"아버지, 이제야 당신을 존경합니다. 그리고 사랑해요……."

PRESENT

당신의 한마디 "미안합니다"

현재의 나

내 아버지 조용도 씨!

키 170cm에 20년 동안 변하지 않은 42kg 몸무게.

아버지를 생각하면 가장 먼저 떠오르는 이미지가 두 개 있다. 첫 번째는 비쩍 마른 모습이고, 두 번째는 늘 누구에게나 "미안하다이! 미안하다이!" 하시며 연신 허리를 굽히시던 모습이 떠오른다. 심지어 지나가는 동네 개한테도 길을 막아 방해했으니 미안하다고 말씀하실 정도였다.

그런 아버지가 나는 솔직히 너무 싫었다. 창피했다. 그래서 마음속으로는 아버지를 무시했었다.

어렸던 나의 눈에 아버지는 출근이라는 걸 해 본 적이 없고 늘 똑같은 잠바에 똑같은 검은 바지를 입으시고, 코 닦으시던 휴지를 잠바 주머니에 스윽 집어넣으시는가 하면 다 피운 담배꽁초를 주머니에 넣으시는 바람에 빨래를 할 때면 누런 물이 나오기 일쑤였다. 폐가 안 좋으셔서 밤마다 가래를 뱉으셨는데, 그 소리가 그렇게 듣기 싫어 두 귀를 막고 잠이 들곤 했다.

 가장 노릇은 늘 어머니 몫이었다. 그래서 나는 이담에 결혼할 땐 아버지처럼 무능력한 사람은 절대로 만나지 않겠다고 비장하게 결심하곤 했다.

 어느 날이었다. 학교를 파하고 집으로 돌아오는 길에 누군가 "혜련아!" 하고 부르는 소리를 들었다. 뒤돌아보니 낯익은 잠바가 눈에 들어왔다. 주머니 근처에 누런 물이 든 잠바…….

 아버지였다. 난 못 보고 못 들은 척, 친구들이 누가 널 부른다고 말해 줘도 모르는 사람이라며 뛰어가 버렸다.

 아버지 손엔 딸에게 친구들과 떡볶이 사 먹으라고 주려고 하셨던 천 원짜리 지폐가 들려 있었다. 하지만 나는 안 먹어도 좋으니 제발 모른 척해 주길 바랐다.

 내가 초등학생이던 시절, 직접 기른 쑥갓과 상추를 팔러 안양 중앙시장에 다닐 때도 나는 짐 자전거로 다라이를 실어 나르는 아버지가 창피해서 일부러 짐을 멀찍감치 내려 달라고 했었다. 그런 나를 보고도 아버지는 단 한 번도 싫은 표정 없이 다만 "미안하다. 미안하다." 하시며 조용히 사라지셨다.

 아버진 한 번도 반찬투정을 하지 않으셨다. 김치와 간장과 밥만 있어도 "감사히 잘 먹겠습니다."라고 말씀하시며 그 큰 밥그릇을 다 비우곤 하셨다. 그런 아버지였다.

딸 여섯, 아들 하나, 그중에서도 나를 가장 사랑해 주셨던 아버지는 당신이 이루지 못한 연예인의 꿈을 대신 이뤄낸 나를 무척이나 자랑스러워 하셨다.

우리 아버진 그 옛날 서라벌예대를 나오시고 연극 무대에 몇 차례 오르셨지만 건강 문제로 그만두셔야 했다. 아버지 말로는 최불암 선생님과 같은 무대에서 공연한 적도 있다셨다지만, 우리는 아버지 말을 믿지 않았다.

아버진 그림도 잘 그리셨고 만돌린도 잘 켜시고 퉁소도 잘 부셨다. 추석 때 가족들이 모이면 한 켠에서 만돌린과 퉁소를 불곤 하셨다. 나중에 엄마를 통해 들은 이야기지만, 가족들에게 보여주고 싶어서 추석 두 달 전부터 날마다 연습을 하셨더란다. 그런데 우리 형제들은 그것도 모르고 모두 입을 맞춰 한마디씩 했다.

"아버지 시끄러워요. 방에 들어가서 하세요."

그렇게 분위기가 싸해지면 아버지는 혼자서 정종 반병을 드시고 방에 들어가 조용히 주무셨다.

아버지는 내 광팬이셨다. 내가 나온 프로그램은 모두 녹화해서 모아두고 다 보셨다. 밤에 주무시기 전에, 아침에 일어나시자마자, 진지 드시기 전에, 시시때때로 아버진 그렇게 내가 나오는 프로그램을 보고 또 보셨다.

설날 특집으로 코미디 프로그램에 출연했을 때다. 배일집 선배님과 내가 부부로 나왔던 콩트로 기억하는데, 어린 아들이 자꾸 훼방을 놓는 통에 부부가 함께 잠을 못자고 끙끙대던 상황을 연출하는 콩트였다.

아버지는 내가 한 방송 중에 그게 제일 재밌으셨다며 명절에 친정에 인사드리러 가면 언제나 내 손을 붙잡고 "인석이 갸는 잘 자라나?"라고 물어보셨다. 영문을 모르고 내가 "인석이가 누군데요?"라고 했더니 진지하게 이렇게 대답하셨다. "누구긴 누구고! 니 아들 아이가. 이제 마이 컸재이~!"

그제야 인석이가 당시 콩트에 나왔던 아들 이름이라는 걸 눈치 채고 나는 "아버지 재미없어요. 그만 좀 물어 보세요."라고 차갑게 아버지의 개그를 외면했었다.

그게 아버지의 유일한 표현이셨는데 난 어쩜 그리도 나쁘게 굴었을까. 그때 아버지 말씀에 맞장구치며 "그러게요~! 한번 꼭 집에 데리고 올게요."라고 왜 다정하게 웃으며 이야기하지 못했을까. 아버지 돌아가시고 나서 그게 지금도 그렇게 마음에 걸린다.

누구에게나 "죄송합니다."라고 말씀하시던 아버지는 향년 72세에 숨을 거두셨다. 임종 직전까지도 다섯째 딸인 나를 기다려 주셨다.

그때 모든 기력을 소진하신 듯한 아버지가 내게 뭔가를 말씀하셨는데 도무지 알아들을 수가 없었다. 나는 아버지한테로 더 바짝 다가가서 다시 귀를 기울였다.

"미…안……."

"뭐라구요? 아버지 한 번만 더……."
"미…안합니다."
그게 마지막이었다.
자식이란 존재는 언제나 이렇게 바보 같다. 그제야 아버지의 마음을 알게 되다니……
무능력했던 아버지는 평생을 가족들에게 미안한 감정을 가지고 사셨던 것이다. 미안했기에 옷 한 벌 사시지 않았고 미안했기에 반찬 투정 한번 안 하셨던 거다.
'아버지! 아버지…….'
그렇게 늦게 나는 아버지가 미치도록 그리워 한동안 넋을 놓았다. 일상으로 돌아가서도 아버지를 떠올리게 하는 사소한 그 무언가들에 그냥 눈물이 쏟아지곤 했다.
1년 전 일본에서「나케루하나시(슬픈 이야기)」라는 방송 프로그램에 출연한 적이 있다. 일본 개그맨 31명이 나와 차례로 감동적인 이야기를 들려주는 일종의 대결 프로그램이었는데, 나는 그때 우리 아버지 이야기로 그랑프리를 차지했다. 내 이야기의 제목은 '수미마센(죄송합니다)' 이었다.
아버지도 들어 주셨을까……?
'아버지, 저도 아버지처럼 겸손하고 세상을 용서하면서 살고 싶어요. 그게 얼마나 어려운지, 아니까…… 많이 노력할게요. 아버지 사랑합니다. 당신을 존경합니다…….'

happy diary

미국의 소설가 크리스토퍼 몰리가 말했다.
"만일 우리 인생이 단지 5분밖에 남지 않았다는 사실을 안다면
우리 모두는 공중전화박스로 달려가
소중한 사람들에게 전화를 할 것이다.
그러고는 더듬거리며 그들에게 사랑한다고 말할 것이다."
시간과 세월은 사람을 기다려주지 않는다.

깨달음은 늘 한발 늦게 찾아와
우리를 아프게 한다.
이제라도 우리는 지금 이 순간에 떠오르는
소중한 그 사람에게 주저하지 말고
마음을 표현해야 한다. 바로 지금!

YEAR 2014
MONTH JULY
DAY 20

개성 지상주의

FUTURE DIARY

장동건은 장동건이어서 좋고, 옥동자는 옥동자여서 사람들은 환호한다.
나도 더 이상 짧은 팔다리 때문에 고민하지 않아도 되니, 세상 참 아름답다~!

FUTURE DIARY

'개그우먼 박지선처럼 만들어 드립니다.'
요즘 성형외과의 광고 문구는 한결같다.
텔레비전 CF는 6인조 여성그룹 '개성시대'가 싹쓸이를 하고 있다.
그녀들의 외모는 그야말로 개성 만점이다. 그중에서도 최고의 인기를
누리고 있는 박희선이라는 친구는 개그맨 박휘순을 똑 닮았다. 여자
박휘순이다.
불과 몇 년 전까지만 해도 쌍꺼풀 수술은 수술 축에도 못 꼈다. 코를
높이고 턱을 깎고 몸의 지방을 뺐다가 다른 부위에 넣었다가 하는
공사(?)가 대유행이었다.
그 시절에 연예계에 입문한 나로서는 요즘 그야말로 격세지감이다.
생긴 대로, 자기답게, 개성껏, 그렇게 있는 그대로의 자기를 뽐내는 게
요즘 트렌드다.
그렇다고 장동건의 인기가 떨어졌을 리 만무한데, 장동건은
장동건이어서 좋고, 옥동자는 옥동자여서 사람들은 환호한다.
나도 더 이상 짧은 팔다리 때문에 고민하지 않아도 되니, 세상 참
아름답다~!

조혜련의 미래일기 2014년 07월 20일

hyelyun's sketch

PRESENT

너는 너라서,
나는 나라서

현재의 나

 난 전체적으로 참 짧다. 바지를 사도 항상 줄여야 하고 줄일 수 없는 추리닝은 늘 접어 입어야 한다. 접어도 뛰다 보면 흘러내려 와서 바지 끝이 닳기 일쑤이다.

 머리통도 참 크다. 엄마가 나를 자연분만으로 낳으실 때 머리가 딱 걸려서 산파가 손을 넣어서 빼야 했을 정도라니 할 말 다했다. 팔도 짧아서 등 뒤로 두 손을 모으는 동작 같은 건 내 인생에서 아예 없었다.

 나도 한때는 김혜수와 이혜영의 외모를 부러워 한 적이 있다. 섹시하고 아름다운 몸매, 쭉 뻗은 다리……. 사실 지금도 가끔 김혜수가 시상식에서 섹시한 드레스를 입으면 인터넷으로 사진을 보며 감탄사를 뱉곤 한다.

 방송에서 나는 '조자룡'이라는 별명이 붙을 정도로 여자임에도 불구하고 근육질 몸매에 남자 같은 목소리로 유명하다. 그런 외모 때문에 한때 성형수술을 진지하게 고민한 적도 있었다.

사실 이마에는 부채(?) 하나 집어넣었다. 이마가 거의 태백산맥 이모작 삼모작 수준으로 굴곡이 많아서 부채를 집어넣고 많이 평평해졌다. ☺ 하지만 나의 심각한 콤플렉스인 짧은 팔다리는 어떻게 해도 안 된단다.

연예인이 되기 전부터 나는 항상 뚱뚱했고, 외모에도 자신이 없었다. 그래서 늘 펑퍼짐한 추리닝 차림이었고, 그런 이유로 성격은 점점 내성적이고 무뚝뚝하게 변해 갔다. 그래서 여고 시절엔 생뚱맞게 여학생들에게 인기가 좀 있었다. 웃어야 할지 말아야 할지…….

그런 내가 생각을 바꿈으로써 비로소 편안하고 행복해졌다. 누가 봐도 못난 내가 갑자기 멋있는 사람이 되어 가기 시작했던 것이다. 어떤 선배의 칭찬 아닌 칭찬 한마디가 계기였다.

"혜련이 너는 개그맨으로서 최고의 외모 조건을 가지고 있어. 난 니가 걸어만 가도 너무 웃겨."

듣기에 따라 기분 나쁠 수도 있는 그 선배의 말을 나는 정말로 웃으면서 긍정적으로 받아들였다. 실제로도 그렇게 생각해보니 내 몸이 너무 사랑스럽게 보이기 시작했다.

비록 짧지만 내 두 다리는 정말 빠르고 딴딴하다. 덕분에 골룸 분장을 할 때도 뭔가 모양새가 딱 떨어지게 더 웃길 수 있었다. 얼마 전엔 최양락 오빠가 오락 프로그램에서 "혜련이 니가 진짜 골룸보다 상을 더 많이 받았다."라고 말해 나도 함께 웃었던 기억이 있다. 날씬하고 잘 뺀은 몸매에 내복을 입고 골룸을 연기했다면 그렇게 화제가 되진 못했을 거다.

손톱도 뱀머리 같이 짧고 뭉툭하지만 덕분에 학교 다닐 때 친구가 우울해 하면 아무 말 없이 그저 내 뱀머리 손톱을 스윽 내미는 것 하나로 울던 친구를 박장대소하게 만들기도 했다.

목소리는 또 어떤가. 연예인 친구들은 자연스럽게 나에게 "형~!" "오빠~!" 하고 부르며 친근하게 다가온다. 심지어 우리 애들마저 나에게 "아빠!"라고 부를 때가 많다.

난 내 몸의 단점은 접어두고 장점만을 수첩에 써 보기 시작했다.

피부가 좋다. 근육이 많아서 살들이 잘 처지지 않는다. 쉽게 지치지 않고, 감기에 잘 걸리지 않으며, 남들보다 에너지가 많이 나온다. 다리가 짧아서 앉았다 일어날 때 빠르다. 샤워할 때 시간이 많이 걸리지 않는다. 가끔 딸 옷도 입을 수 있어서 돈을 절약한다. 머리가 커서 방송에서 눈에 잘 띈다…….

여러분도 굳이 자기의 단점을 파헤치지 말고 지금 바로 수첩에 자신의 장점들을 쭈욱 적어 보면 어떨까? 외모든 성격이든 뭐든 다 좋다. 적다 보면 의외로 많아서 깜짝 놀랄지도 모른다. ☺

세상에 닮은 사람은 있어도 나라는 존재는 딱 하나뿐이다. 이 세상에 하나밖에 없는 나라는 소중한 존재를 진심으로 사랑해보면 어떨까~?

happy diary

누군가를 진정으로 사랑해 본 경험이 있을 것이다.
그 사람이 더 아름다워지길 바라고,
더 행복해지길 바라게 되는 마음…….
지켜주고 싶고, 힘이 되어 주고 싶은 마음에
더 적극적이고 헌신하는 마음으로 행동하게 되는 것…….
그 사람을 생각하는 것만으로도
절로 웃음이 나오고 힘이 나는 것…….
사랑하는 사람이 좌절해 있으면 어떻게든 도와주고 싶은 마음에
없던 지혜도 힘도 솟아난다.
그런데, 그런 사랑을 먼저 나 자신에게로 향하게 해 보면 어떨까.
사전에는 '열정'을 '어떤 일에 열렬한 애정을 가지고
열중하는 마음'이라고 정의했다.
생각해보니, 나 자신에게 그 '열정'을 느꼈을 때
나는 비로소 외부로 열정을 뿜어낼 수 있었던 것 같다.
그렇게 나를 진정으로 사랑하고 아끼는 법을 알게 됐을 때
비로소 내 행복과 성장을 위해 살아갈 수 있었던 거다.

YEAR 2032
MONTH MAY
DAY 08

기분 좋아지는
미래뉴스

FUTURE DIARY

더욱 기쁜 것은 한국인들의 활약이 두드러지는 것입니다.
바야흐로 아시아적인 가치가 인류의 새로운 희망이 되고 있습니다.
앞으로는 심각한 분쟁 현장에서도 빗자루나 회초리를 들어야 할 것 같군요.

조혜련의 미래일기 **2032년 05월 08일**

뉴스를 말씀드리겠습니다. 오늘은 시청자 여러분이 기뻐 하실 만한 소식들이 가득합니다.
첫 번째 소식입니다. 전 세계의 자살률이 마침내 0.05%로 줄어들었다는 통계가 새로 발표됐습니다. 이는 많은 사람들이 부정적인 생각을 줄이고 늘 긍정적인 마인드로 생활하고, 현대인의 스트레스를 줄일 수 있는 여러 가지 아이디어가 쏟아져 나오면서 나온 결과여서 더욱 의미가 있습니다.
다음 소식입니다. 오늘부터 지구상에 핵무기가 완전히 사라졌다고 합니다. 그리고 유엔평화회의에서는 일체의 무기 제작을 불법으로 간주하는 법안을 오는 6월부터 실시한다고 합니다. 이제 무기는 박물관을 가야만 볼 수 있는 물건이 되었습니다. 이는 지금껏 대화의 중요성을 끊임없이 강조해 온 세계의 평화학자와 지도자들의 노력이 결실을 맺은 것입니다. 더욱 기쁜 것은 세계평화학자 중의 대다수가 아시아계이고 그중에서도 한국인들의 활약이 두드러진다는 것입니다. 바야흐로 아시아적인 가치가 인류의 새로운 희망이 되고 있습니다. 앞으로는 심각한 분쟁 현장에서도 빗자루나 회초리를 들어야 할 것 같군요.

FUTURE DIARY

다음 소식입니다. 지금껏 많은 양의 원유가 매장되어 있을 것으로 추정되어 온 함경도 지역에서 마침내 석유가 터졌습니다. 그 양이 엄청나서 아시아는 물론 전 세계의 시선이 지금 이 곳으로 모아지고 있습니다. 이 같은 쾌거로 한국은 앞으로 더 이상 에너지 걱정을 하지 않아도 되게 되었는데요, 그동안 석유 수입에 써야 했던 막대한 비용을 각종 환경정책과 복지정책을 위해 쓰기로 했다는 반가운 소식입니다.

다음 소식입니다. 영국의 명문 축구 구단 맨체스터 유나이티드 FC에서 활약하는 한국 선수가 올해 총 12명을 기록, 한 국가에서 이렇게 많은 선수가 동시에 프로 명문 구단에 영입된 것은 유례없는 일이어서 전 세계 축구팬들이 한국의 활약상에 깜짝 놀라고 있습니다. 그중에서도 가장 유망주로 꼽히는 이병기 선수를 만나봤습니다. "대표팀의 박지성 감독님께서 한국 선수로는 처음으로 맨유에서 활약하셨을 때부터 저 역시 세계에서 활약하는 스포츠 선수가 되겠다고 목표를 잡았습니다. 한국의 축구가 이제는 유럽의 라이벌이 된 만큼 더욱 확고한 선두를 다지기 위해 열심히 뛸 겁니다. 대한민국 화이팅!!!"

PRESENT

기분 좋아지는 단어장

현재의 나

　미국의 동기부여가 존 맥도널드의 『당신의 소원을 이루십시오』라는 책을 읽다가 무릎을 친 적이 있다. 존 맥도널드가 가장 강조한 것은 '긍정적인 사고'인데, 그 실천방법의 하나로 각자 자신의 수첩 맨 앞에 기분이 좋아지는 단어들을 써 보라고 했다. 나는 그대로 따라 해 봤다.

　내가 쓴 단어들은 사랑, 성공, 정직, 건강, 평화, 집중, 감사, 부드러움, 용서, 정의, 에너지, 덕, 생명, 공감, 영혼, 관용, 대박, 백억, 미국 성공, 끈기, 지혜, 존경, 인내, 우정, 칸, 겸손, 날씬 등등이었다. 여기에 다 못 쓴다. 너무 많아져서. 처음엔 이런 리스트를 작성한다는 것 자체가 생소해서 막막했는데, 막상 쓰다 보니 장난 아니게 많아지더라.

　그리고 그렇게 쓴 것들을 아침에 일어나자마자 읽고 밤에 잠들기 전에 또 읽었다. 각 단어들의 의미를 음미하면서 말이다. 그렇게 딱 일주일을 해 보았다.

그랬더니 어머 이게 웬일인가. 나도 모르게 어느새 부정적인 것은 생각도 하기 싫어졌다. 폭력, 호러, 안 좋은 뉴스, 욕, 그리고 누군가가 남을 험담하는 소리조차 듣기 싫어졌다. 마치 내가 더럽혀지는 것 같은 느낌이 들기도 했다.

'와우, 신기한데?! 단지 일주일을 그렇게 했을 뿐인데……'

이후 나는 정말로 바뀌어 갔다.

가장 큰 변화는 더 이상 투덜대지 않게 되었다는 것, 그리고 인상을 찌푸리거나 하지 않고 자연스럽게 편안하고 긍정적인 마음 상태를 지속하게 되었다는 것이다.

예전 같으면 뭔가를 하기 전에 '안 되면 어떡하지?' 하는 마음이 가장 먼저 자리를 잡았는데, 그런 막연한 불안함이나 부정적인 생각들이 사라졌다. 뭐라고 표현해야 할지 모르겠지만, 그렇게 긍정적인 사고를 하고 나서부터는 이상하게 '좋은 기운'들이 내 주위를 감싸고 있는 것 같은 느낌이 들었다.

혹시 의심스럽다면 반대로 이런 단어들을 한번 떠올려 보자.

배신, 당뇨병, 지방간, 침울, 우울, 고혈압, 자살, 좌절, 슬픔, 괴로움, 자학, 암, 감옥, 시체 등등. 이런 단어를 쓰는 지금도 갑자기 머릿속에 어두운 먹구름이 확 몰려오는 느낌이 들 정도다.

별거 아닌 것 같은 이러한 사고방식의 전환이야말로 우리로 하여금 완전히 다른 사람이 되게 만든다. 부디 여러분도 각자 기분이 좋아지는 단어들을 써 보고 단 일주일만이라도 일어날 때 그리고 잠들 때 한 번씩 떠올려 보았으면 한다.

이번 미래일기는 정말로 30년쯤 뒤에는 이런 세상이 왔으면 좋겠다는 마음으로 써 봤다. 아니, 그보다 훨씬 더 많은 기분 좋은 뉴스들이 생기는 날이 반드시 올 거다. 가령, 진정한 교육철학이 자리 잡혀 아이들이 입시지옥에서 완전히 해방된다든지, 범죄가 사라져 감옥이 없어지고 그 감옥이 도서관으로 바뀐다든지, 얼마든지 우리가 원하는 세상으로 만들 수 있다.

왜냐하면 내가 그랬듯이, 이제부터 점점 더 많은 사람들이 긍정의 에너지를 가지고 더 많은 사람들에게 그 바이러스를 퍼뜨릴 테니까 말이다.

내가 감명 깊게 읽은 책 중에 아놀드 토인비 박사와 이케다 다이사쿠 박사의 대담집 『21세기를 여는 대화』는 인류가 진정으로 평화롭고 행복하게 공존하는 거대한 꿈을 실현하는 유일한 방법은 결국 한 사람과 한 사람의 '대화' 라고 말한다.

대화! 바쁘다는 핑계로 우리는 심지어 가족간에도 대화를 단절한 채 살아갈 때가 많다. 오죽하면 '대화가 필요해'라는 개그 코너가 있었겠는가.

따지고 보면 해법은 늘 단순하거나 사소한 것 같다.

대화! 일대일로 무릎을 맞댄 진솔한 대화! 결국 우리에게 정말로 필요한 것은 그런 게 아닐까.

happy diary

청춘남녀의 대화에 단골로 등장하는 말, 이상형~!
우리는 자주 '이러이러한 사람과 만나고 싶다'는 말을 하곤 한다.
하지만 그보다 먼저, 내가 원하는 이상형에 어울리는
내가 되겠다고 마음먹고 그런 사람이 되도록 노력하는 게 순서 아닐까?
그리고 나면 자연스럽게 이상형과 만나지는 게 아닐까 생각해본다.
나라는 존재를 온통 긍정적인 생각과 희망들로 가득 채운다면,
바로 그때 이 우주에 존재하는
모든 희망들이 내게로 찾아와 줄 거라고 믿는다.

YEAR 2014
MONTH NOVEMBER
DAY 18

행복 찾기 세미나

FUTURE DIARY

1년 정도 이 세미나를 진행하면서 우리 사이트에는
해피 바이러스를 받게 되어 너무 행복하다는 의견들이 계속 올라오고 있다.
그런 글을 읽을 때마다 나는 새삼 살아가는 기쁨을 실감한다.

FUTURE DIARY

한 달에 한 번씩 개최하는 '행복 찾기 세미나'가 오늘로 스무 회를
맞았다. 오늘은 30~60대 가정주부들을 대상으로 '열어나가자 내
인생'이라는 주제의 세미나를 일산 어울림소극장에서 개최하였다.
작년부터 나는 한국과 일본을 불문하고 다양한 사람들과 만나 인생에
관해 대화하는 자리를 갖고 있다. 거창하게 말하면 세미나인 셈이다.
하지만 일방적인 강연이 아니라 쌍방향의 대화이다.
고민도 이야기하고, 질의응답도 이뤄진다. 질문을 내 쪽에서
청중에게 하는 경우도 있다.
사람들과 대면하고 고민과 희망을 나누는 게 얼마나 즐겁고 가슴 벅찬
일인지 안 해 본 사람은 모른다. 나 자신에게도 엄청 공부가 된다.
'인생 수업'이라고나 할까…….
그동안 1년 정도 이 세미나를 진행하면서 우리 사이트에는 해피
바이러스를 받게 되어 너무 행복하다는 의견들이 계속 올라오고 있다.
그런 글을 읽을 때마다 나는 새삼 살아가는 기쁨을 실감한다.
오늘의 세미나가 시작되고 한 50대 여성이 손을 들었다. 난 질문을
하는 사람에게 꼭 자기소개와 함께 꿈을 이야기해 달라고 부탁한다.
그게 쑥스러워 손을 안 드시는 분들도 있지만 계속 그 방식을

조혜련의 미래일기 **2014년 11월 18일**

FUTURE DIARY

고집한다. 그렇게라도 자기의 존재감을 다시 느낄 수 있다고 믿기 때문이다.
"저는 올해로 쉰 살이 되는 배금자라고 해요. 조혜련 씨는 언제 어디서 누굴 만나도 항상 웃고 늘 에너지가 넘치잖아요. 타고난 건가요, 아님 노력 덕분인가요?"
내친김에 아까부터 계속 손을 들고 계셨던 분의 질문을 마저 받기로 했다.
"두 아이를 낳은 서른일곱 살 홍은숙이라고 해요. 저는 조혜련 씨가 다이어트하는 걸 보고 '나도 할 수 있겠다'는 생각이 들어서 도전한 결과 실제로 5kg을 뺐구요, 조혜련 씨가 일본어 공부하는 걸 보면서 최근엔 저도 일본어 공부를 시작했어요. 실은 이 나이에 저도 꿈이 있어요. 통역사가 되는 건데요, 어떨 땐 그게 가능할까 싶어서 그냥 지금 이대로 살까도 싶고, 미래가 두렵기도 하고 그래요. 조혜련 씨는 혹시 현실에 안주하고 싶은 순간이 없었나요?"
단골 질문 레퍼토리다. 나는 금자 씨, 은숙 씨와 눈을 맞추며 나의 마음속 이야기를 들려 드렸다······.

PRESENT

행복은 누구에게나 가능하다

현재의 나

금자 씨, 은숙 씨는 가상의 인물이지만 미래일기에 소개한 질문들은 정말로 내가 가장 많이 받는 것들이다.

나는 사람들과 대화하는 걸 진짜로 좋아한다. 사람들을 웃겨야 하는 개그맨이라는 직업 때문에 내가 진지한 이야기를 하면 잘 안 어울린다고 하는 이도 있지만, 다행히 개인적으로 만나거나 지금도 실제로 하고 있는 세미나 등에 와 주시는 분들은 그동안 몰랐던 새로운 조혜련을 느낄 수 있어 좋았다고 말씀해 주신다.

부끄럽지만, 나의 웃음이나 열정 등에 관해 물어 오시는 분들이 많다. 실은 타고나기는커녕 개그맨이라는 직업이 무색할 정도로 나는 무뚝뚝하고 차가운 성격의 소유자였다. 말하는 것을 귀찮아 하고 표현하기도 부끄러워 하는 전형적인 경상도 남자, 아니 여자였다.

분장실에서 가끔 아무 생각 없이 가만있으면 모두가 "화났어? 집에 안 좋은 일이라도……?" 하고 묻는다. 특별히 화나는 일도 없고 안 좋은 일도 없는데 사람들이 왜 그러나 싶었다. 그땐 내 자신을 몰랐던 거다.

　방송을 하다 보면 마음으론 울고 싶은데 직업이 직업이다 보니 내 마음과는 다르게 사람들을 웃겨야 할 때도 있고 내가 웃어야 할 때도 있다. 예전엔 정말 이러다가 내가 미치는 거 아닌가 싶고, 모순적인 내 모습을 생각하기도 싫어서 녹화가 끝나면 기억이 안 날 정도로 술을 마셨던 날도 많았다. 나도 모르는 사이에 자신을 학대하면서 살았다.

　그러던 어느 날 갑자기 무서워졌다. 국민들에게 건강한 웃음을 주겠다고 큰소리로 약속하며 개그맨이 되던 날, 그 날의 약속을 지키기는커녕 이대로 살다가는 점점 더 흉측해진 나를 보게 될 것만 같은 불길한 예감이 들었다. 생각만 해도 끔찍하게 무서웠다.

　그 후로는 정말 엄청나게 노력했다. 그만큼 간절히 변하고 싶었다. 웃기 싫어도 일부러 크게 웃었고, 어색해도 연습하면 된다는 생각으로 계속 웃었고, 자신감이 사라져 어디론가 도망치고 싶어질 땐 일부러 더 씩씩한 척을 했고, '성장하자!' 라고 내 자신과 약속해 놓고는 3일도 못 가 제자리를 맴돌 때도 나는 최소한 변해 가는 척이라도 했다.

　물론 처음엔 그런 내 모습이 어색하고 거북스럽기도 했지만, 그렇게라도 하지 않으면 나의 끔찍한 과거의 일상이 또다시 반복될 것만 같아서 정말 눈을 찔끔 감고 실천했다.

　결과는 어땠을까? 역시 노력으로 안 되는 건 없었다. 나의 변화는 어떤 영화의 반전보다도 더 극적이었다. 물론 나만의 체감도지만. ☺ '척'으로나마 연기했던 것들이 신기하게도 '진짜' 내 것으로 되어 가면서 어느새 나는 마음으로 활짝 웃고 있었다.

혹시 변화하고 싶은데 좀처럼 되지 않아 괴로운 사람이 있다면, 나는 이 '~척하기' 방법을 강력히 추천한다. 그것이 진짜든 가짜든, 어떻게든 변화를 위해 한 걸음이라도 떼는 것부터 모든 변화는 시작되니까 말이다.

두 번째로 많이 받는 질문은 왜 이렇게 쉽지 않은 목표에 계속 도전하는가, 안주하고 싶은 유혹은 없는가 하는 것들이다.

기대하는 답변이 아니라 실망하겠지만, '나라고 왜……?!'라는 마음이 사실이다. 내가 얼마나 편한 걸 좋아하는 사람인데, 오죽하면 어렸을 때 별명이 곰탱이였을까.

돌아보면 지난 4년간의 일본 진출 도전은 정말 갈등과 두려움과의 끝없는 싸움이었다. '이렇게 되면 어떡하지?', '그것 때문에 이게 안되면 어떡하지?' 등등 아직 일어나지도 않은 일들을 미리 걱정하며 두려움에 의기소침했다.

무슨 일이 일어나면 머릿속에 긍정적인 생각보다는 부정적인 생각을 먼저 떠올리는 안 좋은 습관, 나는 그것부터 없애기로 마음먹었다.

일본 에비스에 있는 카페에서 일본 스케줄과 한국 스케줄이 꼬여

도저히 답이 안 나와 머리가 깨질 것 같은 통증으로 괴로워하고 있을 때였다. 문득 수첩을 꺼내 나는 나도 모르는 사이 이렇게 끄적였다.

혜련 괜찮아… 혜련 괜찮아… 혜련 괜찮아… 혜련 괜찮아… 혜련 괜찮아…

20~30분을 그렇게 아무 생각 없이 계속해서 '혜련 괜찮아'를 쓰다 보니 신기하게도 마음이 편안해지기 시작했다. 그러면서 내가 괜찮을 수밖에 없는 이유에 대해 적극적으로 생각하기 시작했다.

'음~ 왜 괜찮으냐면, 일단 나는 이 스케줄 문제로 최소한 죽지는 않아. 그리고 50살이 되면 이런 일은 별거 아닌 걸로 될 거야. 내 인생은 장기전이니까, 인생은 금방 끝나는 게 아니니까 괜찮아. 게다가 내가 인기가 있고 쓸모가 있으니까 이렇게 일도 많이 들어오는 거야. 얼마나 행복한 일이야……?!'

나는 주변 사람들에게 무슨 일이 터지면 '아이고, 어떡해'라는 부정적인 생각부터 하지 말고 일단 수첩이든 머릿속으로든 '괜찮아, 괜찮아'를 수십 수백 번 되뇌어 보라고 권한다. '괜찮아 마법', 꽤 괜찮다.

그리고 또 하나! 『된다 된다 나는 된다』라는 책에서 읽은 운동선수들에 관한 이야기는 나를 늘 노력하고 전진하게 하기에 여기에 소개한다. 책의 저자는 물었다. "여러분! 여러분은 지금 운동선수들처럼 학생 시절부터 지금까지 자기 인생을 위해 또는 어떤 목표를 위해 하루 10시간 이상을 투자하고 계신가요?"

운동선수들은 그렇게 한다. 어렸을 때부터 하루 8시간에서 10시간을 자기 분야에서 살아남기 위해 목숨 바쳐 연습한다. 비가 오나 눈이 오나 아프거나 괴로워도 고등학생은 좋은 대학을 가기 위해, 대학생은 프로가 되기 위해, 프로는 국가대표가 되기 위해, 국가대표는 엔트리에 들기 위해, 엔트리에 든 사람은 메이저로 올라가기 위해, 메이저에 올라온 사람은 마이너로 빠지지 않고 엔트리에 들기 위해, 엔트리에 든 사람은 경기에서 이기기 위해…….

정말 읽어 가면서 숨 막히는 치열함이 느껴지지 않는가?

따지고 보면 회사원, 연예인, 학생, 주부, 교사 등등 누구를 불문하고 운동선수들이 그 세계에서 살아남기 위해서 당연하게 하는 노력의 4분의 1이라도 해낸다면(그러니까 하루 2시간에서 3시간이다), 그 사람은 그 분야에서 최고가 될 수 있다고 생각한다.

그런데 지금 우리는, 아니 나는 어떤가? 충분히 몰입하고 노력하며 살아 왔나? 혹시 핑계가 너무 많지는 않았을까? 매일매일 비가 오나 눈이 오나 감기에 들었거나 우울할 때도 하루도 빠짐없이 운동선수들처럼 노력을 했던가?

절대 아니었다. 하고 싶을 땐 하고, 하기 싫을 땐 아주 놓아 버렸다.

세계의 경영 대가로 꼽히는 말콤 글래드웰의 『아웃라이어』란 책도 이런 맥락에서 무척 흥미롭게 읽었다. 저자는, 천재적 재능은 1만 시간의 노력에 미치지 못한다고 말한다. 천재가 되거나 스타가 되는 것은 소수만 누릴 수 있는 특권이 아니라 1만 시간에 버금가는 노력과 열정으로 누구나 움켜쥘 수 있는 기회라는 것이다.

저자가 주장하는 일명 '1만 시간의 법칙'은 어떤 분야에서 숙달되기 위해서 필요한 절대 시간이다. 말하자면 하루 3시간씩, 일주일 꼬박, 10년을 보내야 확보되는 시간인 거다. 이보다 적은 시간의 훈련으로 세계 수준의 전문가가 탄생한 경우는 거의 없으며, 있다고 해도 스타가 아닌 금세 지고 마는 샛별로 전락하고 만다.

1만 시간에는 좀 못 미쳐도 하루 2시간, 딱 10년만 꾸준히 노력해도 그 분야의 달인이 될 수 있다. 역사에 이름을 남기려고 해서가 아니라, 자기 분야 최고가 된다는데 한번 해 볼 만하지 않은가?! 이렇게 말하니까 마치 내가 피라미드 회사 간부 같은 느낌이다. ☺

어쨌든 지금부터 우리도 한번 그들 운동선수들처럼, 아웃라이어처럼 도전해 보는 건 어떨까? 참고로 나는 하루 3시간 자기계발 도전을 위해 일단 스톱워치를 하나 샀다. 그러곤 일하는 시간을 빼고 순전히 나의 발전을 위해 투자하는 시간에만 스톱워치를 작동시킨다. 바쁠 땐 비행기 안에서 30분, 화장실에서 볼일 볼 때 5분, 차로 이동할 때 30분, 자기 전 침대에서 40분, 남편이랑 영화 보기 전에 커피숍에서 30분 등등, 항상 스톱워치를 가지고 다니며 어떻게든 시간을 확보해 가며 하루 3시간의 자기계발 시간을 다 채운다.

지금 현재는 영어 공부와 피아노 연주, 독서(하루 반 권 읽기), 배드민턴에 도전하고 있다. (물론 한 분야에 하루 2~3시간의 노력을 투자

해야 한다는 취지였지만, 나는 내 식대로 조금 변형해 본 것이다.)

이번 미래일기의 행복 찾기 세미나는 내가 이 책의 원고를 모두 쓴 직후 바로 실천에 들어가 지금 이미 진행 중에 있다. 나는 정말 인생에 관해 진솔한 대화가 오가는 세미나 같은 걸 꼭 한번 해보고 싶었다.

올해 3월 강남역에 있는 어느 강연회장에서 그렇게 첫 번째 '행복 찾기 세미나'가 시작되었다. 그 자리에서만큼은 개그맨 조혜련이 아닌 인생친구 조혜련으로서 사람들을 만났다. 내가 작업하고 있는 이 미래일기에 대한 이야기도 했는데, 많은 사람들이 나처럼 미래일기를 써 보겠다고 결심해 주었다. 그리고 2회, 3회, 4회, 세미나가 회를 거듭할수록 미래일기 바이러스는 많은 실천 체험담으로 쏟아져 나왔다. 솔직히 말하면 그 체험담들을 모아 '미래일기 2'를 책으로 내 보면 어떨까 하는 생각도 해 봤다.

아무튼 사람들이 모여 각자의 힘든 순간들을 공유하고, 치유하고, 또 힘을 얻어 가는 경험은 앞으로 내가 어떻게 살아가야 할지를 진지하게 고민하게 할 만큼 가치 있는 순간들이었다. 그래서 이 행복 찾기 세미나로 시작된 사람들과의 인생 대화는 내 삶의 또 다른 큰 프로젝트가 되었다.

여러분, 앞으로 지켜봐 주세요~! ☺

happy diary

"만사가 순조롭기만 한 인생은 없다.
이길 때도 있고 질 때도 있다.
그러나 가령 일시적으로 패배했을 때도
자기 자신에게만은 지지 말아야 한다.
지금 어떤 처지에 놓여 있더라도 자기 자신에게 이기는 사람은 승자다."
세계적인 평화학자 이케다 다이사쿠 박사의 말이다.
바쁜 일상, 바쁜 스케줄만큼이나 나는 다양한 상황과 마주하게 되지만,
언제나 이 말을 떠올리며 어떤 경우에도
나 자신에게만큼은 지지 말자고,
부끄러운 내가 되지는 말자고 다짐한다.
어차피 좋아지느냐 나빠지느냐, 둘 중 하나다.
어느 쪽일지는 내가 스스로 정하는 것이다.
누구나 넘어질 때는 있다. 하지만, 청춘에 돌이킬 수 없는 실패란 없다.
도전하는 마음을 잃지 않는 한 누구나 청춘이다~!

YEAR 2014
MONTH APRIL
DAY 01

피아노 콩쿠르

FUTURE DIARY

어렸을 때부터 너무너무 배우고 싶던 피아노!
어려운 형편 때문에 학원은커녕 피아노 한번 만져보기 힘들었던 내가
오늘 이런 무대에 섰다는 것 자체가 기적이다.

FUTURE DIARY

설레고 떨리는 마음으로 나는 천천히 피아노 앞으로 걸어갔다.
오늘은 피아노 아마추어 콩쿠르가 열린 날이다. 강남의 한 콘서트홀에 사람들이 모두 들어차고, 하얀 드레스를 입은 내가 피아노 앞에 앉았다.
얼마나 떨리던지 머리가 다 하얘지는 줄 알았다.
마흔 살에 배우기 시작한 피아노. 드디어 내가 대중들 앞에서 연주를 하게 되었다. 프로들도 어려워한다는 라흐마니노프의 피아노 협주곡 2번을 선택한 것은 내 고집이었다.
딸 윤아의 피아노 선생님이기도 하고, 5년 전 나를 가르쳐주기 시작한 오은영 선생님은 조금 더 쉬운 곡을 선택하길 바랐지만 난 끝까지 라흐마니노프의 곡을 연주하고 싶다고 고집했다.
석 달 동안 매일 3시간씩 난 라흐마니노프의 협주곡을 반복해서 꾸준히 연습했다. 처음엔 손가락의 근육들이 굳어서 얼마나 힘들었는지 모른다. 악보 읽는 것도 너무 어렵고, 오른손이 누르는 것을 왼손이 따라 하는 통에 고생 좀 했다.
'과연 잘할 수 있을까?'
그동안 연예인으로서 많은 무대에 섰지만, 피아노 연주로 이렇게 많은

조혜련의 미래일기 **2014년 04월 01일**

FUTURE DIARY

사람들 앞에 서긴 처음이다. 방송 처음 하던 날보다 더 긴장이 됐다.
드레스가 조금 타이트했는지 배로 숨을 쉬기가 조금 힘이 들었다.
하지만 최대한 멋지게 보이기 위해 허리를 꼿꼿이 세우고 마침내
연주를 시작했다. 내 마음을 모두 담아 라흐마니노프의 살아 숨 쉬는
혼을 표현하려 노력했고, 다행히 무사히 연주를 끝마칠 수 있었다.
객석에서 일제히 박수가 터져 나왔다. 남편과 아이들은 흥분하며
기립박수를 쳤다. 가족인 거 엄청 티 난다.
비록 아마추어 경연대회였지만, 오늘만큼은 내가 세계적인
피아니스트가 된 것 같았다. 어렸을 때부터 너무너무 배우고 싶던
피아노! 어려운 형편 때문에 학원은커녕 피아노 한번 만져보기
힘들었던 내가 오늘 이런 무대에 섰다는 것 자체가 기적이다.
열정으로 안 되는 게 없다는 걸 새삼 또 느꼈다.
자, 이젠 드럼을 배우자~! ☺

PRESENT

긍정적인 자기암시의 놀라운 효과

현재의 나

일본 드라마 「노다메 칸타빌레」에서 피아노 천재 치아키가 신들린 듯 연주했던 아름다운 곡이 바로 라흐마니노프의 협주곡이다.

지금 이 글을 쓰고 있는 내 피아노 실력은 아직 아기 걸음마 수준이다. 그런 내가 감히 전문가들도 어려워한다는 라흐마니노프의 곡을 선택한 이유는 그에게 배운 자기암시 때문이다.

'난 최고로 편안한 상태에서 내가 하고자 하는 것을 가장 즐겁게 한다' 라는 자기암시.

라흐마니노프는 평생 세 곡을 작곡했다. 그는 연주와 작곡의 양면에 걸쳐서 완전한 성공을 맛보았던 보기 드문 인물이었다.

1번 교향곡을 발표했을 때 그의 나이는 불과 24세였다. 하지만 초연 자리에서 매우 심한 혹평을 면치 못했고, 이에 평소 소심하고 무뚝뚝한 성격이던 청년 라흐마니노프는 마음에 큰 상처를 받았다.

어느 정도로 큰 상처였는가 하면 극심한 우울증에 걸려 모든 창작 의지를 잃고 발작을 일으킬 정도였다. 게다가 그의 1번 교향곡은 살아있는 동안 두 번 다시 연주를 할 수 없도록 악보 모두를 회수하기까지 이른다.

우울증으로 괴로워하던 그는 어느 날 정신과 의사이던 니콜라이 달 박사를 찾아가 최면 치료를 받게 되었다. 그리고 그것이 라흐마니노프를 다시 일어서게 만들었다.

치료 방법은 지극히 간단했다. 3년 동안 달 박사가 라흐마니노프에게 한 말은 이 한마디였다.

"라흐마니노프, 자네는 이제부터 다시 음악을 할 거야. 최고의 곡을 쓸 거라구. 그것도 아주 편안하고 기분 좋게. 그 어떤 것보다도 뛰어나고 훌륭한 최고의 작품을……!"

그렇게 3년간의 끊임없는 자기암시의 치료로 그는 정말로 아주 편안하고 기분 좋은 최적의 상태에서 그 유명한 피아노 협주곡 2번을 작곡하게 되었다. 그는 이 곡을 자신에게 새로운 음악 인생을 열어준 달 박사에서 헌정하였다.

어렸을 때부터 나는 피아노를 치는 친구들이 그렇게 부러울 수가 없었다. 그때부터 언젠가는 나도 꼭 피아노를 배우고 연주하겠다는 자기암시를 은연중에 반복해 왔던 것 같다.

지금 손가락 근육이 굳고 뜻대로 움직여 주지 않는 이 마흔 살에 나는 마침내 피아노를 배우게 되었다. 이미 늦었다는 생각은 결코

하지 않았다. 나이 일흔에 배우는 것보다는 빠르지 않은가.

실은 곧 일본에서 촬영에 들어갈 영화에서 내가 아이들에게 합창을 가르치며 피아노 연주를 하는 씬이 있다. 그것이 계기가 되어 이렇게 연습을 하게 된 것이다.

처음엔 정말 가관이었다. 세 살짜리가 피아노를 쳐도 나보다는 낫겠다 싶을 만큼 엉망이었다. 하지만 한번 한다면 하는 성격! 단단히 마음먹고 연습을 계속했다.

그리고 요즘은 라흐마니노프가 그랬듯 자기암시를 통해 최고로 편안하고 즐겁게 그의 협주곡 2번을 연주하는 나를 상상해 본다.

happy diary

『육일약국 갑시다』라는 책을 읽다가
내 마음을 그대로 대변해 주는 듯한
글귀를 읽으며 무릎을 친 적이 있어 여기에 소개한다.

"내가 새로운 것을 시도할 때마다 주위의 반응은 '무모하다'는 것이었다.
하지만 나는 지금까지 사람들이 '안 된다'고 하는 것의 50퍼센트 이상을
성공시켰다. 문제는 단 한 번에 성공한 적이 없다는 것이다.
가능성이 보이는 것은 '될 때까지' 물고 늘어진 덕분에
남들이 말하는 성공의 대열에 들어서게 되었다.
흔히들 시도조차 해 보지 않고 안 된다고 얘기한다.
혹은 시작했더라도 한두 번의 시도 끝에 포기하고 주저앉는다.
나는 가능성이 보이는 일에 대해서는 그동안 들인 시간과 노력이
아까워서라도 쉽게 포기하지 않는다.

happy diary

칠전팔기란 일곱 번 넘어져도
여덟 번째 일어나는 사람에게 주어지는 성공의 월계관이다.
한두 번 실패했다고 해서 절망할 것은 없다.
그것은 실패가 아니라 경험이자 노하우다.
그것은 실패가 아니라 성공의 밑거름이기 때문이다."

현실은 때때로 버거운 무게로 다가오지만,
그때마다 나는 행복한 미래를 상상하면서 다시 웃었다.
현실과 적당히 타협하며 좀 더 쉽고 편하게 살고 싶은
유혹이 찾아올 때도 미래일기를 떠올리며
바로 지금 내가 실천할 수 있는 작고 구체적인 과제들이 무엇인지
점검했다. 결국 미래일기가 나를 도전하고
전진하게 만든 최고의 동력이었던 셈이다.

YEAR 2014
MONTH FEBRUARY
DAY 05

나의 멘토

FUTURE DIARY

그녀가 이야기를 시작하자 모두들 쏙 빠져들어 경청했다.
정말이지 허재에겐 사람을 끌어들이는 마력 같은 것이 있다.

조혜련의 미래일기 **2014년 02월 05일**

강남의 한 심리치료 아카데미엔 아침부터 수백 명의 사람들이 모여
들었다. 오늘의 세미나에 참석하기 위해서였다. 강연은 연예인 전문
카운슬러로 유명해진 내 정신적인 멘토 허재가 했다.
그녀를 응원하기 위해 나도 참석했지만 그녀가 너무 바빠서 차 한잔
제대로 못 마시고 바로 세미나가 시작되었다.
그녀가 이야기를 시작하자 모두들 쏙 빠져들어 경청했다. 이젠 제법
개그까지 섞어 가며 그 어떤 일류 MC보다도 더 완벽하게 사람들을
장악하고 마음을 녹이는 그녀의 화술에 나는 깜짝 놀랐다.
정말이지 허재에겐 사람을 끌어들이는 마력 같은 것이 있다.
오늘의 나를 있게 한 그녀는 이제 더 많은 사람들에게 꼭 필요한
존재로 자리매김해 가고 있다.
내 마음은 뿌듯 뿌듯~! ☺

PRESENT

또 하나의 나

현재의 나

    인생에서 나의 모든 것을 함께 공유할 수 있는 친구와 같은 멘토가 있다는 것은 얼마나 행복한 일인가.
    단지 술 마실 때 만나는 친구 말고 내가 곤경에 빠졌을 때, 내가 아파하거나 힘들어할 때 마치 자신의 일처럼, 아니 그 이상으로 모든 것을 던질 수 있는 존재가 있는가?
    난 있다. 그게 바로 허재다.
    나하고 그녀는 전생에 무슨 인연이었기에 이런 사이가 되었을까? 우리는 동갑내기 친구도 아니고 가족도 아니고 어렸을 때부터 오래 만나 온 사이도 아니다. 그냥 우연한 만남을 계기로 이제는 자기 일보다 상대방을 더 걱정해 주는 그런 사이가 되었다. 물론 나보다 허재가 훨씬 더 내 걱정을 많이 해 주지만~!
    솔직히 말하면 내가 이렇게 자기계발서들을 읽어 나가며 자신을 변화시키기 시작한 것도 그녀의 조언 덕분이었고, 일본에 진출할 수 있도록 아이디어를 내고 몇 년 전부터 상상해 온 것도 그녀였다.

처음 하는 이야기지만, 나를 일본에 진출시키기 위해 그녀는 자신이 먼저 일본에 가서 6개월여 동안 그 나라의 방송, 문화, 습관, 언어 등을 미리 경험하기도 했다. 밤에 불을 끄면 잠도 못자는 겁쟁이가 일본에서 혼자서 말이다.

막상 일본에 진출하고 나서 적응하고 자리 잡는 게 너무 힘들어 밤이고 새벽이고 그녀에게 전화를 걸어 투덜댄 적도 엄첨 많았다. 한국으로 돌아가고 싶다고, 두 번 다시 일본에 오기 싫다고, 왜 나를 일본으로 보냈냐고 울면서 하소연했던 날도 있었다. 그때마다 그녀는 나의 모든 것을 다 받아 주었다.

내가 한번은 술이 취해서 국제전화로 그녀에게 이렇게 투덜대었단다.

"아무리 생각해봐도 내가 제일 친한 건 너뿐이야. 넌 유명하지도 않고……. 넌 뭐냐? 넌 나에게 뭐냐고!"

언제나 무슨 일이 터질 때마다 나는 그녀에게 전화를 걸어 상담을 했다. 그러면 그녀는 신중하고 또 신중하게 생각해서 늘 나에게 딱맞는 조언을 해 주었다.

남편하고 힘들었을 때도, 출연 중이던 프로그램이 없어졌을 때도, 아이들에게 신경 쓰지 못해 죄책감에 시달릴 때도, 내 자식인데도 그 아이들이 나를 미워할 때도, 심지어 주식이 떨어졌을 때도, 또 우리와는 너무 다른 일본의 연예계에서 너무 힘들었을 때도, 언제나 그녀는 나의 최고의 멘토가 되어 주었다.

처음엔 '나보다 나이도 어린 게 어디서 선배를 가르치려고 하지?' 하면서 자존심이 상하기도 하고 창피하기도 해서 그녀의 이야기를 들으려고 하지 않았다. 그런데도 그녀는 포기하지 않고 늘 나에게 가장 필요한 최고의 메시지로 나를 찾아와 최고의 변화를 경험하게 해 주었다. 지금까지 10년 이상을 한결같이 말이다.

돌아보면, 그녀는 늘 내가 고민하는 것이 무엇인지, 그리고 나에게 가장 필요한 것이 무엇인지를 가장 먼저 알아차리고 음으로 양으로 세심하게 배려해 주었다. 또, 내가 힘들어하거나 좌절해 있을 때면 평소보다 두 배는 크고 밝은 목소리로 "괜찮아, 언니~! '겨울은 반드시 봄이 된다!' 몰라~?! 다 잘 되게 돼 있어~! 걱정 마 걱정마. 나만 믿어!"라고 온갖 응원의 메시지를 갖다 대며 내 마음의 짐을 덜어주고 나를 즐겁게 해 준다.

그런 그녀가 어느 날 나에게 미래일기를 써 보자고 했다. 그때부터 우리는 때로는 황당한, 그러나 가슴이 뛰고 설레어 어쩔 줄 모르는 상상들을 마구 해 가기 시작했다. 상상 속에서 우리는 이미 남을 위해 봉사할 줄 아는 세계시민이었고, 오프라도 친구를 하자고 달려드는 유명인사였다. 우리는 정말 인생에 환상의 콤비이다.

만약 당신에게도 지금 가장 마음이 잘 통하는 누군가가 있다면 그 사람을 당신 목숨과도같이 소중히 여겨 보라. 그렇게 두 사람의 힘이 합쳐지면 정말 엄청난 파워가 샘솟는다. 무서울 것이 없다.

얼마 전에 그녀가 나에게 던진 숙제가 하나 있다. 언제 어떤 순간에서도 감사함을 느낄 줄 아는 사람이 되라고, 또 말만이 아니라 마음 깊은 곳으로부터 한 사람 한 사람을 진심으로 소중히 해 가는 연습을 해 보라고 했다.

나에게는 아직도 그런 것이 부족하단다. 지금까지 내가 도전해 온 프로젝트들은 그 마음들이 조금 부족해도 해낼 수 있었지만, 앞으로의 프로젝트는 그 마음이 없으면 절대로 발전되지 않는다고 오래 갈 수 없다고 했다.

나는 아직도 잘 모르겠다. 어떻게 해야 그 마음을 진심으로 알 수 있는 것인지······.

하지만 걱정은 하지 않는다. 인간으로서 최고로 매력 넘치는 조혜련을 구체적으로 상상하며 하나하나 바꿔 가는 과정 속에서 자연스럽게 깨닫게 될 테니까 말이다. 또 항상 곁에서 나를 지켜봐 주고 응원해 주는 멘토 허재가 있으니까 걱정 없다.

이 책의 마지막 미래일기는 그래서 그녀의 행복한 성공을 그려 보았다. 사람의 마음을 꿰뚫는 독심술을 가진 그녀가 세상에 힘들어하는 모든 사람들에게 나이팅게일처럼 희망을 주는 존재가 되는 아름다운 미래를 상상해 본다.

우리 함께 파이팅~!!

| epilogue |

미래일기를 쓰면서 나는 새로운 사람이 되었다.

언제나 '어떡하지?'라는 걱정부터 앞섰던 내 삶이 스스로 미래를 결정해 놓고 달리면서부터는 '어떡하지'가 아니라 '하루야, 어서 와라~!'라는 적극적인 태도로 바뀌었다. 쑥스럽지만, 새로운 하루를 맞이할 때마다 가슴 설레는 일도 많고 사소한 기쁨도 너무 많다.

또, 내가 이루고자 하는 목표와 그것이 달성될 기일까지 정하고 나니, 그 미래가 마치 현실인 듯 생생한 이미지로 각인되어 늘 나를 뛰게 만들었다. 뛰다가 중간에 방해물이나 역경에 부딪혀도 이제는 예전처럼 두렵거나 답답하지 않다. 그 장애물 너머에 결승점이, 내가 원하는 미래가 있다는 것을 너무 잘 알고 있기 때문이다. 게다가 어느새 각종 장애물에 대한 대처능력까지 끝내주게 생겼다. ☺

지난 몇 달간 내게 찾아온 여러 가지 변화는 맹세코 내 사십 평생에 가장 행복한 변화들이었다. 아주 사적인 것들을 제외하고도 여러분과 공유하고 싶은 기쁜 일들이 많다.

가장 최근에는 『호오포노포노의 비밀』의 저자이자 심리치료사로 세

계적인 명성이 높은 휴 렌 박사와 직접 만나 대화하는 영광을 누렸다. 이것도 물론 내 미래일기에 써 놓았던 부분이다. 지난 9월에 2주간에 걸쳐 나는 휴 렌 박사를 서울과 도쿄에서 만날 수 있었다. 휴 렌 박사는 '사랑해요'라는 말로 자신을 정화하는 법을 가르쳐 주었다. 나는 그렇게 나를 정화하고 사랑하면서 내가 가지고 있던 고민과 불만, 욕심들을 더욱 편하게 내려놓을 수 있었고 지금도 그 연습을 계속하고 있다. 그리고 휴 렌 박사와 깊은 친분을 쌓게 되어 이번 책의 추천사까지 받게 되었으니 감사할 따름이다.

그리고 지금 처음으로 살짝 공개하는데, 10월부터는 일본 영화에서 주연을 맡아 1년간 촬영을 하게 되었다. 전 출연진이 모두 일본인인 가운데 나 혼자 한국인. 영화에 대한 로망은 내가 대학에 들어가면서부터 가진 꿈이었으나 여태 그것을 이루지 못했었는데, 이렇게 미래일기를 쓰면서 한국도 아닌 일본에서 실현하게 될 줄이야 정말 누가 알았겠는가? 이것이 미래일기의 진가이다.

이것뿐만이 아니다. 내가 일본에 진출한 지 5년이 되는 해의 미래일

기(2011년 11월 18일)에 나는 일산 아람누리극장에서 많은 사람들과 함께 행복 찾기 세미나를 한다고 썼다. 그렇게 미래일기에 정하고 나니 실천하고자 하는 의지도 커지고, 그 방법도 구체적으로 고민하게 되어 올해 3월부터 실제로 나는 개그맨 조혜련이 아닌 동기부여가 조혜련으로서 일명 '행복 세미나'를 개최하게 되었다. 크고 작은 규모로 사람들과 가까이서 대화하며 서로의 고민과 소중한 계획들을 공유하는 그 시간이 얼마나 행복한지 모른다. 게다가 그렇게 만난 사람들로부터 기존의 방송 이미지와는 다른 새로운 모습의 조혜련으로 인정받아 가는 기쁨도 느꼈다.

또 아들 우주가 가수 빅뱅처럼 자라는 모습의 미래일기를 쓰고 나서 우주는 「붕어빵」이라는 프로그램에 출연하게 되었고, 공부는 열심히 하지 않지만 ☺ 방송에서 자신의 개성과 흥미를 조금씩 표출하며 즐겁게 지내고 있다.

사실 예전에는 늘 바쁜 모습만 보이는 이 엄마에게 불만과 서운함이 많았던 우주였다. 그런데 엊그제는 일을 마치고 집에 들어가니 현관문

에 웬 예쁜 도화지가 걸려 있는 게 아닌가. 거기에는 "엄마 화이팅~!!!"이라고 우주가 직접 쓴 감동적인 메시지가 적혀 있었다. 정말이지 내 인생에 몇 손가락 안에 드는 감동의 메시지였다~!

마흔 살이 되도록 오랜 꿈으로만 간직했던 피아노 연주, 그것도 미래일기에 쓰고부터 신기하게도 피아노를 배울 수 있는 계기가 생겼다. 올해 봄부터 배우기 시작하여 얼마 전에는 세미나에서 독주회를 갖기도 하였다. 오는 10월의 큰 세미나에서는 영화「피아노」의 OST 가운데 'The Heart Asks Pleasure First'라는 곡을 연주하기 위해 지금 맹렬히 연습하고 있다. 이미 성공적인 연주를 미래일기에 썼으니 이 곡도 성공적으로 연주하게 될 거다.

그리고, 농담 같은 인터뷰에서 시작된 것이라곤 하지만, 늘 새로운 무대를 찾는 내게 미국 진출은 이제 막연한 꿈이 아닌 구체적인 목표가 되었다. 그리고 나서 미국의 프로덕션과 계약을 했다거나 오프라윈프리쇼에 출연했다는 등의 미래일기를 썼고, 이후 나는 일본어에 이어 영어 마스터에 도전하기 시작했다. 작년까지만 해

도 별다른 계획도 실행도 없던 일이었다. 사실 바쁜 스케줄 때문에 시간을 내기 어려웠지만, 이동시간 틈틈이, 그리고 이른 아침이나 한두 시간의 자투리 시간을 활용하는 등 어떻게든 방법을 강구하게 되는 나로 바뀌었다. 물론 공부 자체도 그렇게 신이 날 수가 없다. 학창시절에 억지로 하던 공부와는 차원이 다르다.

그렇게 영어 공부를 시작한 이후 찾아온 또 한 가지 변화는, 갑자기 미국의 한 한인단체로부터 희망과 행복을 전하는 강연을 해 달라는 요청이 왔다는 것이다. 오는 12월, 미국 현지에서 약 500여 명의 입양아들을 대상으로 진행될 그 강연회에서 나는 영어로 직접 강연할 예정이다.

이밖에도 본문에도 소개했듯이 우리 가족들이 미래일기를 쓰면서 겪은 안팎의 긍정적인 변화들과 일본에서 내가 하는 방송일과 관련해 좋은 소식들이 새록새록 생겨나면서 나는 이 미래일기를 더욱더 많은 사람들과 공유하고 싶어 조바심이 날 지경이다.

이런 긍정적인 변화를 여러분도 함께 경험할 수 있다면 그것은 또 얼마나 행복한 일인가. 이제는 정말로 여러분 차

례다. 이 책을 덮음과 동시에 조혜련의 미래일기가 아닌 여러분만의 미래일기를 써 보길 바란다. 한 시간 뒤의 미래도 좋고, 1년 뒤의 미래도 좋다. 어떤 내용이라도 상관없다. 다만 여러분을 가슴 뛰게 하고 행복하게 하는 미래를 상상해서 종이에 적어 보시라.

99%를 알고 있어도 실천하지 않는 사람보다 단 1%만 이해했어도 실천하는 사람이 꿈에 먼저 도달하듯, 여러분도 설령 모든 게 상쾌하게 이해가 가지 않아도 좋으니 부디 아주 작은 것부터 실천해 보길 바란다. 우리는 TV가 작동하는 복잡한 전기 원리에 대해 알지 못해도 아무 이상 없이 TV를 볼 수 있는 것처럼, 이제는 '미래일기가 왜 좋을까?'라는 원리원칙은 잠시 접어두고 지금 당장 펜을 꺼내 여러분의 행복한 미래를 한 자라도 적어 보면 어떨까?

나는 더 없이 소중한 여러분 한 사람 한 사람의 가슴 뛰는 미래를 언제나 함께 응원하고 기원할 것이다.

미래일기, 어떻게 쓸까요?

1. 구체적인 목표를 정하자!

무엇에 관해 쓸지 막막하거나 미래의 목표가 언뜻 떠오르지 않는다면, 지금 내가 원하는 것들을 그냥 떠오르는 대로 마음껏 적어 보자. 위시리스트를 작성하는 것이다. 무엇이든 좋다. 인간관계, 건강, 돈, 명예 등등 내가 원하는 것들을 모조리 적어 보는 것이다. 그리고 그것이 이루어지면 좋을 것 같은 날짜도 함께 정해 보자. 예를 들어, '2009년 11월 10일. 운전면허 취득' 이나 '2009년 11월 20일 노트북을 갖다!' 와 같이 적으면 된다. 작은 메모지나 포스트잇을 가지고 다니면서 생각날 때마다 메모하는 것도 좋은 방법이다.

혹은 다음날 있을 일들의 목록, 오늘부터 일주일 동안 원하는 것들의 목록, 한 달 동안의 목록, 일 년 동안의 목록, 일생에 걸쳐 원하는 것들의 목록 등, 좀 더 체계적으로 세분화해서 목표나 소원을 적어 보는 것도 좋다.

(처음에는 이렇게 간단하게 시작하되 점차 거기에 살을 붙여 스토리를 만들어 보고, 구체적인 이미지를 떠올려 보면 더욱 좋다.)

2. 주인공은 바로 나!

미래일기의 주인공은 다른 사람이 아닌 우리들 자신이다. 내 인생의 일기이므로 1인칭 시점에서, 즉 나의 관점에서 나를 중심으로 써야 한다. 어떤 상황이나 인간관계에 있어서도 '그 사람에게 이런 일이 일어나서 내가 무척 행복했다', '그런 일이 일어나서 나는 너무 감사했다' 와 같이 나의 관점에서 내가 느낀 것들을 쓰는 것이다.

3. 영화 대본처럼 써 보자!

주인공도 나이지만 감독 또한 나인 것이다. 자신이 원하는 상황, 감정, 장소, 느낌, 시간 등등을 마치 시나리오를 쓰는 것처럼 생생히 묘사해 보자. 나의 미래를 영화로 찍는다고 상상하면서 써 보는 것이다. 혹시 그런 상상이 어렵게 느껴진다면 자신이 좋아하는 드라마나 영화를 활용하는 것도 좋은 방법이다. 영화 속에서 자신이 닮고 싶은 모습의 등장인물이나 살고 싶은 환경 등을 모사해서 글로 옮겨 보는 작업은 의외로 재미있다. 또 그것은 미래일기에 익숙해지고 상상력을 키울 수 있는 좋은 방법이기도 하다.

4. 나의 마지막 날을 적어 보자!

이 책에서 보듯, 나의 미래일기는 '장례식' 장면부터 시작하고 있다. 내 생의 마지막 순간을 상상하고 적어 보는 것은 우리로 하여금 인생 전반에 걸친 밑그림을 그릴 수 있게 하기 때문에 매우 중요하다. 또 그렇게 되면 먼 미래의 일기, 그리고 앞으로 내 인생을 어떻게 그려 나갈지에 대한 큰 중심이 생기게 되어 더욱 좋다.
생애에 걸쳐 어떤 사람으로 살아가고 싶은지, 또 어떤 사람으로 기억되고 싶은지 이 기회에 한번 곰곰이 생각해보자.

5. 과거형으로 쓰자!

미래를 쓰는 일기이지만, 내가 원하는 그 일은 이미 실제로 '일어났고', 나는 그것들을 정리하면서 일기로 쓰고 있는 상황이라는 것을 잊지 말자. 따라서 '이렇게 되면 좋을 텐데'가 아니라 '이렇게 되었다'라고, 또 '될 것이다'가 아니라 '된다'가 아니라 '됐다'라고, 즉 과거형의 문장으로 쓴다. 명심하자. 이미 이루어진 일을 우린 쓰는 것이다.
뇌는 가상의 일과 당장의 현실을 명확히 구분하지 않는다. 우리가 어떤 일을 이미 이루어진 듯이 믿는다면 뇌는 순간 혼란스러워하지만 계속된 암시로써 결국 가상의 미래를 이미 이루어진 현실로 받아들이고, 가상과 현실의 간극을 좁히기 위한 활동을 시작한다.

6. 그 당시의 감정을 쓰자!

미래의 일기를 쓸 때, 이미 우리는 그 일을 겪은 것이라고 했다. 그렇다면 그때 우리의 마음과 감정은 어떨까? 바라던 일이 이루어졌으니 당연히 기쁘고 감사한 긍정적인 감정들로 충만하게 될 것이다.

설령 지금 현재가 몹시 힘들고 부정적인 상황일지라도 미래일기만큼은 원하던 것을 마침내 이뤘을 때의 감사한 마음으로 써 보도록 하자. 현실을 도피하려는 마음, 또는 '난 할 수 없어', '난 힘들어', '난 이것을 가지고 있지 않아' 등등의 불신과 부정적인 감정들은 이 우주로부터 부정적인 상황들을 자석처럼 끌어들인다.
그러니 우리의 세포 하나하나에까지 긍정과 감사와 우리의 뚜렷한 목표를 심어 두도록 노력하자. 행복한 미래를 만드는 첫 걸음은 지금 나의 마음가짐과 태도에서부터 시작된다~!

7. 가까운 미래부터 써 보자!

먼 미래의 일이 막막하게 느껴진다면 가까운 미래부터 써 보자. 당장 내일이나 일주일 후의 상황부터 적어 나가다 보면 나중에는 먼 미래의 일도 마치 오늘 일처럼 쉽고 생생하게 쓸 수 있게 된다. 날마다 잠자기 전에 내일 있을 일에 대해 미래일기를 써 보는 것도 좋은 습관이다. 혹시 글로 쓰는 게 어렵다면, 원하는 이미지의 그림이나 사진으로 미래일기를 대신해도 좋다. (물론 글로 쓰고, 거기에 그림이나 사진도 함께 넣는다면 금상첨화다~!)

8. 소망을 품게 된 배경을 써 보자!

미래일기를 쓰면서 내가 그러한 미래를 왜 원하는지에 대해서도 함께 쓰면 더욱 좋다. 내가 모든 미래일기마다 뒤에 'PRESENT' 라는 이름으로 현재 시점의 생각과 상황들을 적어 본 것이 그 예이다. 그렇게 하면 내가 쓴 미래일기의 내용을 이뤄내는 데 강한 동기가 되고, 미래에 대한 더욱 확고한 믿음을 불러일으키는 효과가 있다.
물론 중요한 것은 미래일기니까, 현재의 상황과 생각들도 반드시 꼭 써야 한다고 부담을 갖기보다 당장은 미래일기를 쓰는 것부터 하나하나 차근차근 실천해 가자.

9. 자주 쓰고 자주 읽자!

내가 진정 원하는 것을 글로 쓰고, 또 그것을 자주 읽어 나가다 보면 그 순간 여러 가지 생각들이 내 머릿속에서 피어오르는 것을 경험하게 될 것이다. 한마디로 아이디어가 떠오르는 것이다. 가령, '이것을 위해 ○○한테 연락을 해 볼까?', '내 이런 습관을 이렇게 고치자', '작지만 이것부터 시작해보면 어떨까?' 등등 나의 미래 목표를 이루는 데 도움이 되는

정보들을 나의 의식과 무의식이 수집하게 되는 것이다. 그리고 당장 눈앞에 닥친 현실에 입각한 생각과 감정들이 내가 원하는 미래 상황에 걸맞은 긍정적인 감정들로 점차 변하게 되는 신기한 경험도 할 수 있을 것이다.
잠자기 전이나 아침에 일어나서 하면 효과가 크다.

10. 믿고 실천하자!

마지막으로 실천이다. 당연히 가장 중요한 대목이다. 결국 꿈을 이루느냐 못 이루느냐는 실천과 행동에 달렸다. 내가 쓴 미래일기에 걸맞은 실천을 오늘 당장 작은 것 하나라도 시작하자. 몸짱이 되고 싶으면 줄넘기든 훌라후프든 좋으니 무언가를 시작하는 거다. 그러다 보면 미래일기는 내가 생각한 것보다 훨씬 더 빨리 현실로 나타날 것이다.
"과거가 영원히 변하지 않는다는 것은 나쁜 소식이지만 미래가 아주 다양한 모습으로 자네 손 안에 있다는 것은 좋은 소식이지(『폰더 씨의 위대한 하루』 중에서)."
과거에 해내지 못했으니까 미래에도 할 수 없을 거라고 생각하는 것은 어리석다. 미래일기에 쓴 대로 우리는 우리가 원하는 그 어떤 모습으로도 변할 수 있다. 꿈은 기필코 이루어진다!

쓰는 순간 인생이 바뀌는

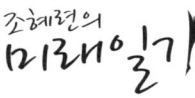
조혜련의 미래일기

초판 1쇄 발행 2009년 10월 01일
초판 22쇄 발행 2012년 6월 29일

지은이 조혜련
펴낸이 연준혁

출판2분사 분사장 이부연
제작 이재승

펴낸곳 (주)위즈덤하우스
출판등록 2000년 5월 23일 제13-1071호
주소 경기도 고양시 일산동구 장항동 846번지 센트럴프라자 6층
전화 031-936-4000   **팩스** 031-903-3891
홈페이지 www.wisdomhouse.co.kr

값 12,000원
ⓒ 조혜련, 2009
ISBN 978-89-6086-201-2 03320

∗ 책 값은 뒤표지에 있습니다.
∗ 잘못된 책은 바꿔드립니다.

국립중앙도서관 출판시 도서목록(CIP)

(쓰는 순간 인생이 바뀌는) 조혜련의 미래일기 / 조혜련. --
고양 : 위즈덤하우스, 2009
  p. ;   cm

ISBN 978-89-6086-201-2 03320 : ₩12000

818-KDC4
895.785-DDC21   CIP2009002906